telc

AF645505

Prüfungstraining

Deutsch-Test für Zuwanderer

Jasmin Fariwar
Ines Hälbig
Anke Kuhnecke

telc gGmbH
Bad Homburg

Prüfungstraining
Deutsch-Test für Zuwanderer
Autorinnen Jasmin Fariwar, Ines Hälbig, Anke Kuhnecke
Testautorinnen Ines Hälbig, Dr. Andrea Neuhaus
Illustrationen Lisa Frühbeis
Mitarbeit Dr. Jutta Çıkar, Ingrid Dressel, Susanne Franz, Annette Frisch, Antonie Füzi
Satz und Korrektorat Christiane Manz
Tonaufnahmen Ten7 Tonstudio+Audioproduktionen

Weitere Informationen zu unseren Lehrwerken finden Sie unter:
www.telc.net/lehrmaterialien

2. Auflage[6] 2026

www.telc.net
Printed in Germany

telc Order-Nr: V01-4003-TPR-2001A
ISBN: 978-3-946447-37-5

Inhalt

	Einführung		4
1	**Hören Teil 1**	Mobilität	6
2	**Hören Teil 2**	Mediennutzung	14
3	**Hören Teil 3**	Arbeit und Arbeitssuche	22
4	**Hören Teil 4**	Wohnen	30
5	**Lesen Teil 1**	Ämter und Behörden	38
6	**Lesen Teil 2**	Einkaufen	46
7	**Lesen Teil 3**	Banken und Versicherungen	54
8	**Lesen Teil 4**	Gesundheit	62
9	**Lesen Teil 5**	Unterricht	70
10	**Schreiben**	Betreuung und Ausbildung der Kinder	76
11	**Sprechen Teil 1**	Sprachen lernen	88
12	**Sprechen Teil 2**	Aus- und Weiterbildung	94
13	**Sprechen Teil 3**	Diskussion und Lösungen	102
	Übungstest 1	***Deutsch-Test für Zuwanderer***	110
	Übungstest 2	***Deutsch-Test für Zuwanderer***	126

Antwortbogen 141
Informationen zur Prüfung 144
Lösungen 152
Hörtexte 158

Wichtige Abkürzungen und Symbole

bzw.	beziehungsweise
ca.	circa (= ungefähr)
d. h.	das heißt
etc.	et cetera (= und so weiter)
u. a.	unter anderem
z. B.	zum Beispiel

13 Aufgabe zum Hörverstehen mit Trackangabe

Abschnitt der Lektion zur Prüfungsvorbereitung

Hinweise zur Arbeit mit diesem Prüfungstraining

Das **Prüfungstraining Deutsch-Test für Zuwanderer** bereitet Teilnehmende in Integrationskursen intensiv auf die Abschlussprüfung *Deutsch-Test für Zuwanderer* vor. Die Kursteilnehmenden üben anhand von Prüfungsaufgaben und erlernen wichtige Strategien und Techniken zum Lösen der einzelnen Prüfungsteile. Sie erarbeiten Schritt für Schritt, wie jede der 13 Prüfungsaufgaben funktioniert und worauf besonders zu achten ist. Das **Prüfungstraining Deutsch-Test für Zuwanderer** bietet sich sowohl für eine intensive Prüfungsvorbereitung im letzten Modul des Integrationskurses als auch für ein begleitendes Prüfungstraining in der zweiten Hälfte des Kurses an.

Jede Lektion des Prüfungstrainings

- wiederholt den prüfungsrelevanten Wortschatz zu einem Handlungsfeld aus dem BAMF-Rahmencurriculum für Integrationskurse.
- thematisiert und übt detailliert eine der 13 Prüfungsaufgaben.
- beinhaltet Übungen, die schrittweise an die Prüfungsaufgabe heranführen.
- enthält eine Prüfungsaufgabe.
- vermittelt hilfreiche Tipps und Strategien zum Lösen der Aufgaben.
- enthält eine zusätzliche Seite „Fokus Schreiben", mit der Schritt für Schritt die Schreibkompetenz aufgebaut wird.

Die einzelnen Lektionen des Prüfungstrainings beschäftigen sich mit den verschiedenen Teilen der Prüfung *Deutsch-Test für Zuwanderer.* Prüfungsteile, die Prüfungsteilnehmenden erfahrungsgemäß besonders schwerfallen, werden intensiver geübt.

Dabei steht zunächst das Vokabular des jeweiligen Handlungsfeldes im Fokus. Vielfältige Wortschatzübungen stellen sicher, dass das für die Prüfung relevante Vokabular ausreichend trainiert wird. Offene Wortschatzübungen wie Mindmaps, Tabellen oder Lernplakate regen die Teilnehmenden dazu an, sich eigenständig intensiv mit dem gelernten Wortschatz auseinanderzusetzen und diesen zu erweitern.

Der zweite Abschnitt der Lektion ist orange hervorgehoben und legt den Fokus gezielt auf das Strategietraining zur jeweiligen Prüfungsaufgabe. Die farbliche Markierung ermöglicht ein schnelles Zurechtfinden innerhalb der Lektionen. Am Ende dieses Abschnitts wenden die Teilnehmenden die erarbeiteten Strategien direkt an einer Prüfungsaufgabe an. So bewältigen sie über die Lektionen hinweg ihren ersten kompletten Übungstest.

Den Abschluss der Lektion bildet eine fakultative Schreibseite, die sich besonders an schreibschwache Teilnehmende richtet. Hier werden die Herausforderungen beim Verfassen eines Textes schrittweise erarbeitet.

Lektion 10 zum Prüfungsteil „Schreiben" enthält zusätzlich authentische Lernerleistungen, um die Bewertung der Prüfung und das angestrebte Niveau nachvollziehen zu können. Die Kursteilnehmenden haben so die Möglichkeit, ihre eigene Leistung mit der bewerteten Lernerleistung zu vergleichen und ihre Schreibkompetenz zu verbessern. Sie üben damit auch, ihre Sprachkenntnisse selbstständig einzuschätzen. Die Bewertung dazu finden Sie bei den „Informationen zur Prüfung".

Das Prüfungstraining unterstützt Lehrkräfte bei der Gestaltung eines abwechslungsreichen und binnendifferenzierenden Unterrichts. Dabei helfen folgende grafische Elemente:

Schon probiert?

„Schon probiert?“ gibt Anregungen zu weiteren Übungsmöglichkeiten, die als Methode in das Repertoire der Lehrkraft übernommen und so an geeigneten Stellen angewandt werden können.

Schon fertig?

Besonders schnelle und fortgeschrittene Lernende finden hier Zusatzaufgaben, die sie selbstständig bearbeiten und mithilfe der vorgegebenen Lösungen im Anhang auch überprüfen können. So kann sich die Lehrkraft auf die schwächeren Teilnehmenden konzentrieren, die noch mehr persönliche Unterstützung benötigen.

So geht's

An dieser Stelle werden relevante Strategien für die Bewältigung der Prüfungsaufgabe zusammengefasst. So sehen Lernende und Lehrende auf einen Blick, worauf es bei diesem Aufgabentyp ankommt.

Nicht vergessen!

Hier wird auf bereits zuvor Gelerntes verwiesen, das durch die Wiederholung gefestigt wird.

Zusätzlich zum Training und dem Übungstest in den Lektionen kann das Erlernte an zwei weiteren Übungstests abschließend überprüft werden. Auch an das Ausfüllen des Antwortbogens wird langsam herangeführt: Im Übungstest 1 finden die Teilnehmenden den entsprechenden Ausschnitt aus dem Antwortbogen direkt neben der Aufgabe, im Übungstest 2 befindet sich der Antwortbogen ganz am Ende, sodass die Prüfungssituation simuliert werden kann.

Ausgewählte Informationen zur Prüfung wie die Bewertungskriterien zu den Subtests „Schreiben“ und „Sprechen“ sowie die Punkteverteilung helfen den Kursleitenden dabei, sich einen Überblick über das Prüfungsformat zu verschaffen und die Teilnehmenden optimal vorzubereiten.

Im Anhang befinden sich ebenfalls die Hörtexte und Lösungen zu allen Übungen.

Die Audiodateien zum Prüfungstraining können Sie auf unserer Webseite herunterladen:
https://www.telc.net/lehrmaterialien/downloadbereich/

Alternativ finden Sie sie in der App **telc Deutsch-Box**, mit der Sie und Ihre Teilnehmenden die Audios direkt über das Smartphone abspielen können. Hier gelangen Sie zu den Apps:

1 Verkehrsmittel

a Was ist das? Raten Sie und schreiben Sie die Verkehrsmittel mit Artikel.

1 ……

2 ……

3 ……

4 ……

5 ……

6 ……

b Wie sind die Verkehrsmittel Ihrer Meinung nach? Schreiben Sie Sätze.

billig | bequem | gefährlich | gesund | schnell | teuer | angenehm | langweilig | praktisch | sicher | langsam

1 Fahrradfahren ist …… .

2 Zu Fuß gehen ist …… .

3 Busfahren ist …… .

4 …… .

c Welche Verkehrsmittel gibt es in Ihrem Land und welche nicht? Sprechen Sie im Kurs.

In meinem Land gibt es …

d Welche Wörter zum Thema „Bahn fahren" finden Sie in der Wortschlange? Schreiben Sie die Nomen mit Artikel.

fahrpreisbahnsteigfahrplanfahrkartegleisfahrgastrückfahrtschalterfahrkartenautomatsitzplatzbahnhofgang

1 ……
2 ……
3 ……
4 ……
5 ……
6 ……
7 ……
8 ……
9 ……
10 ……
11 ……
12 ……

e Was passt nicht? Streichen Sie durch.

1 am Bahnhof **warten / fahren / ankommen**
2 im Fahrplan **fahren / lesen / suchen**
3 am Bahnsteig **warten / gehen / stehen**
4 im Bus **sitzen / stehen / setzen**
5 in die S-Bahn **einsteigen / aussteigen / reingehen**
6 die Straßenbahn **benutzen / nehmen / abmachen**

Schon fertig?
Bilden Sie mit den Wörtern aus Aufgabe 1e Sätze.

f Hören Sie und ergänzen Sie. 1

1 Der verspätete ICE aus Hamburg wird in wenigen Minuten an Gleis .... eintreffen.
2 Der Regionalexpress nach Wiesbaden, planmäßige Abfahrt .... Uhr, wird heute von Gleis .... um .... Uhr abfahren.
3 Die S8 hat ca. .... Minuten ....
4 Die .... verzögert sich um .... Minuten.
5 Im Wagen .... funktionieren die Steckdosen ....
6 Wegen einer .... ist die Weiterfahrt zurzeit nicht möglich.

g Was bedeutet nicht dasselbe? Streichen Sie durch.

1	Fahrgäste	Reisende	~~Autofahrer~~
2	Schlafwagen	Speisewagen	Bordrestaurant
3	ein technisches Problem	ein Unfall	eine technische Störung
4	planmäßig	unpünktlich	nach Plan

2 Im Straßenverkehr

a Sind die Aussagen richtig (✓) oder falsch (✗)? Hören Sie und kreuzen Sie an. 2

		✓	✗
1	Maria und Mahmoud besuchen beide den Deutschkurs.	☐	☐
2	Maria fährt mit dem Fahrrad zur Schule.	☐	☐
3	Mahmoud fährt auf dem Weg zur Schule über eine Brücke.	☐	☐
4	Mahmoud fühlt sich auf dem Fahrradweg sicher.	☐	☐

b Lesen Sie die Hörtexte im Anhang und suchen Sie darin wichtige Wörter zum Thema „Straßenverkehr". Notieren Sie sie in einer Mindmap und ordnen Sie sie thematisch. Ergänzen Sie eigene Ideen.

Straßenverkehr

Wege
Fahrradweg
Brücke
Kreuzung
....

Verkehrsteilnehmer
Fahrradfahrer
Autofahrer
Fußgänger
....

Richtungen
....
....
....

c Und Sie? Wie kommen Sie zum Deutschkurs? Sprechen Sie mit Ihrer Partnerin / Ihrem Partner.

3 Mit dem Auto unterwegs

a Ergänzen Sie die Nomen zum Thema „Auto fahren“ mit Artikel.

1 ____ Geschw_nd_gkeit
2 ____ A_sf_hrt
3 ____ B_nz_n
4 ____ T_nkst_ll
5 ____ F_hrb_hn
6 ____ Pa_kplat_

b Ergänzen Sie die Verben zum Thema „Auto fahren“. Es gibt mehrere Möglichkeiten.

ab | an | aus | ein | entgegen | los | über | um | weiter | vorbei | zurück

1 ____ fahren
2 ____ holen
3 ____ halten
4 ____ schnallen
5 ____ kommen
6 ____ leiten
7 ____ steigen
8 ____ biegen

Schon fertig?
Bilden Sie mit den Verben aus Aufgabe 3b Sätze.

c Was darf man (nicht), was muss man machen? Schreiben Sie Sätze zu den Verkehrsschildern.

1 
____.

2 

____.

3 

____.

3 **d** Wie heißen die Verkehrsprobleme? Schreiben Sie die Wörter richtig. Hören Sie dann zur Kontrolle.

1 der U f l l n a ____
2 der S a t u ____
3 der F l s h c a f h a r e r ____
4 die S r t ö g u n ____
5 die U l t e i m n u g ____
6 die S e r r p n g u ____
7 die B u a a b r t e i e n ____
8 die V r s t u g e n p ä ____

e Wählen Sie eine Rolle aus und spielen Sie zu zweit ein Telefongespräch.

Partnerin / Partner A	**Partnerin / Partner B**
Sie sind in einem Restaurant verabredet. Dort warten Sie auf Partner/in B, der / die Verspätung hat und Sie anruft.	Sie kommen zu spät zu Ihrer Verabredung. Rufen Sie Partner/in A an und sagen Sie, warum Sie Verspätung haben und wann Sie da sein werden.

4 Am Flughafen

a Was passt zusammen? Verbinden Sie.

1 der Abflug	a fliegen	5 die Dauer	e buchen
2 der Flug	b ankommen	6 die Landung	f starten
3 die Ankunft	c einsteigen	7 der Start	g dauern
4 der Einstieg	d abfliegen	8 die Buchung	h landen

b Welches Wort passt? Ergänzen Sie.

Flug | Flughafen | Passagiere | Pilot | Flugticket | Flugbegleiterin

1 Der ………… fliegt das Flugzeug.
2 Die Fluggäste sind die ………… .
3 Eine ………… bedient die Fluggäste.
4 Der ………… dauert 2 Stunden.
5 Wenn man wegfliegt, muss man zum ………… fahren.
6 Ohne ein gültiges ………… kann man nicht abfliegen.

c Bilden Sie Wörter und ergänzen Sie. Manchmal gibt es mehrere Möglichkeiten.

ti | um | Flug | le | Hand | kunft | stei | Aus | cket | Pass | trol | gen | ge | kon | päck

1 Was kostet das ………… ?
2 Muss ich ………… ?
3 Wo ist die ………… ?
4 Gibt es eine lange Schlange bei der ………… ?
5 Kann ich mein ………… aufgeben?

d Sind die Aussagen richtig oder falsch? Hören Sie den Dialog am Flugschalter und kreuzen Sie an. 4

	✓	✗
1 Der Fluggast muss für den Koffer extra bezahlen.	☐	☐
2 Gepäckstücke sind im Preis enthalten.	☐	☐
3 Der Fluggast hat das Flugticket im Internet gekauft.	☐	☐
4 Der Fluggast muss 100,- Euro bezahlen.	☐	☐

e Diktieren Sie Ihrer Partnerin / Ihrem Partner Text A, sie / er schreibt, was sie / er hört. Wechseln Sie dann die Rollen für Text B.

A
Achtung, dies ist eine Durchsage für alle Passagiere gebucht auf Flug 258 nach Madrid. Wegen des Unwetters verschiebt sich der Abflug um 60 Minuten.

B
Eine wichtige Information für alle Fluggäste mit Reiseziel Brüssel: Gate B24 ist für Sie zum Einsteigen bereit. Bitte halten Sie Ihre Bordkarten bereit. Vielen Dank.

5 Den Kontext nutzen

5 **a** Sie hören fünf Audios. Welche sind Telefonansagen, welche sind Durchsagen an öffentlichen Orten? Ordnen Sie zu.

Telefonansagen	Durchsagen
1,	

6 **b** Sie hören fünf Ansagen oder Durchsagen. Wo kann man diese hören? Kreuzen Sie an.

	auf der Mailbox/ auf dem Anrufbeantworter	im Radio	am Bahnhof	im Zug	am Flughafen	im Kaufhaus
1	☐	☐	☐	☐	☐	☐
2	☐	☐	☐	☐	☐	☐
3	☐	☐	☐	☐	☐	☐
4	☐	☐	☐	☐	☐	☐
5	☐	☐	☐	☐	☐	☐

c Arbeiten Sie zu zweit. Sammeln Sie, welche Informationen Sie am Bahnhof, am Bahnsteig, im Zug, am Flughafen, im Flugzeug oder auf einer Mailbox/einem Anrufbeantworter hören könnten.

6 Schlüsselwörter erkennen

a Lesen Sie die Fragen und unterstreichen Sie die Schlüsselwörter.

> **So geht's**
>
> In diesem Prüfungsteil hören Sie vier Ansagen. Zu jeder Ansage gibt es eine Aufgabe mit einer Handlungsabsicht. Lesen Sie vor dem Hören die Aufgaben und unterstreichen Sie darin die wichtigsten Wörter, die sogenannten Schlüsselwörter. Achten Sie dabei auf die Fragewörter *Wer?*, *Was?*, *Wann?*, *Wo?* o.Ä. Durch das Unterstreichen können Sie die Aufgabe besser verstehen und Sie wissen, worauf Sie beim Hören achten müssen. Achten Sie besonders auf die Verben.

1 Was soll Frau Blum tun?
2 Was muss der Fahrer machen?
3 Von welchem Gleis fährt heute der ICE nach Köln ab?
4 Wohin sollen die Passagiere gehen?
5 Was gibt es heute für ein Angebot im Zugrestaurant?

b Hören Sie die Ansagen und kreuzen Sie an. 6

1 Was soll Frau Blum tun?
- a ☐ Frau Blum kann ihr Auto abholen.
- b ☐ Frau Blum muss noch warten, bis ihr Auto fertig ist.

2 Was muss der Fahrer machen?
- a ☐ Der Fahrer kann sein Auto stehen lassen.
- b ☐ Der Fahrer muss sein Auto sofort wegfahren.

3 Von welchem Gleis fährt heute der ICE nach Köln ab?
- a ☐ Der ICE 222 fährt heute von Gleis 19 ab.
- b ☐ Der ICE 222 fährt heute von Gleis 16 ab.

4 Wohin sollen die Passagiere gehen?
- a ☐ Die Passagiere sollen zum Flugsteig A 16 kommen.
- b ☐ Die Passagiere sollen vom Flugsteig A 16 weggehen.

5 Was gibt es heute für ein Angebot im Zugrestaurant?
- a ☐ Es gibt Suppen 20 % günstiger.
- b ☐ Es gibt Suppen zum halben Preis.

c Vergleichen Sie mit Ihrer Partnerin / Ihrem Partner Ihre Schlüsselwörter. Haben Sie dieselben gewählt? Welche finden Sie sinnvoller? Sprechen Sie im Kurs. Nutzen Sie bei Bedarf auch die Hörtexte im Anhang.

Schon probiert?

Spielen Sie die Höraufgaben mit verteilten Rollen nach. Eine Person spricht die Durchsage bzw. Ansage, die andere Person schlüpft in die Rolle der angesprochenen Person und führt die gewünschte Handlung durch. Nutzen Sie Namensschilder, wenn nötig.

7 Handlungsanweisungen verstehen

a Lesen Sie die Situationen. Welche Anweisungen könnten Sie in diesen Situationen bekommen? Sammeln Sie im Kurs.

So geht's

In dieser Prüfungsaufgabe hören Sie vier Ansagen, zu denen Sie Fragen mit Auswahlmöglichkeiten beantworten müssen. Dabei ist es wichtig zu verstehen, was Person X machen soll. Diese Person aus der Aufgabe können Sie selbst oder eine andere Person sein, in die Sie sich dann hineinversetzen müssen.

1 Der Zug nach München ist kaputt.
Warten Sie auf den Ersatzzug. Nehmen Sie ein Taxi. Nehmen Sie den Ersatzbus, der vor der Bahnhofshalle abfährt.

2 Der verspätete Zug aus Hannover wird heute an Gleis 8 eintreffen, nicht wie vorgesehen an Gleis 12.

3 Alle Parkplätze am Haupteingang zum Zoo sind derzeit belegt.

4 Achtung, Autofahrer! Auf der A3 Richtung Köln sind freilaufende Pferde auf der Fahrbahn.

5 Achtung, an alle Fluggäste gebucht auf Air Atic 321 nach Istanbul: Die Maschine ist jetzt zum Einsteigen bereit.

7 **b** Was sollen die Leute machen? Hören Sie und kreuzen Sie an.

	✓	✗
1 Die Fahrgäste sollen nicht aussteigen.	☐	☐
2 Die Kunden sollen das Kaufhaus verlassen.	☐	☐
3 Die Fluggäste sollen warten.	☐	☐
4 Die Reisenden sollen zum Gleis 8 gehen.	☐	☐
5 Sascha soll um 19.30 Uhr in den Bus steigen.	☐	☐
6 Die Fahrgäste sollen umsteigen.	☐	☐

8 Prüfungsaufgabe: Hören Teil 1

8 Sie hören vier Ansagen. Zu jeder Ansage gibt es eine Aufgabe. Welche Lösung (a, b oder c) passt am besten? Kreuzen Sie an.

Beispiel Wo muss Oliver umsteigen?
- a ☐ Am Hauptbahnhof.
- b ☐ Am Robert-Koch-Platz.
- c ☒ An der Station Stadtmitte.

1 Wie soll Marie fahren?
- a ☐ Mit dem Fernbus.
- b ☐ Mit dem ICE.
- c ☐ Mit dem Regionalzug.

2 Was soll Alex machen?
- a ☐ Das Essen für die Kinder kochen.
- b ☐ Die Kinder vom Training abholen.
- c ☐ Lebensmittel für das Abendessen kaufen.

3 Wo können sich die beiden treffen?
- a ☐ An einer Bushaltestelle.
- b ☐ Auf einem Parkplatz.
- c ☐ Vor ihrem Haus.

4 Wann kommt das Flugzeug in München an?
- a ☐ Gegen Mittag.
- b ☐ In einer Stunde.
- c ☐ Um zehn.

9 Sich entschuldigen

a Ordnen Sie die Sätze.

Information

1 komme | Ich | zur | später | Arbeit | heute
2 Ich | zweimal | muss | umsteigen
3 Ich | um | Fahrkosten | meiner | Erstattung | bitte | die
4 gestern | warten | unseren | Wir | 40 Minuten | auf | Zug | mussten

Grund

a gab | Es | Störung | der | Bahnstrecke | eine | auf
b ist | Der | ersatzlos | ausgefallen | ICE
c der | ist | Linie 3 | Haltestelle | gesperrt | heute | Die
d Es | der | Stau | auf | einen | A7 | gibt

1 Ich komme ... .

b Verbinden Sie die passenden Sätze aus Aufgabe 9a und schreiben Sie sie mit *weil*.

1 Ich komme heute später zur Arbeit, weil es einen Stau auf der A7 gibt.

c Lesen Sie die Entschuldigung und ergänzen Sie.

pünktlich | einen Stau | entschuldige | Viele | mindestens | Liebe

.....1..... Jasmin,
.....2..... bitte, ich kann nicht .....3..... zu dir kommen,
weil es .....4..... auf der A7 gibt. Der Stau dauert .....5.....
eine halbe Stunde.
.....6..... Grüße
Petra

Schon probiert?

Decken Sie die Entschuldigung in Aufgabe 9c ab und schreiben Sie sie aus dem Gedächtnis: Mit welchen Wörtern entschuldigt sich Petra? Was ist die Information? Was ist der Grund? Wenn Sie nicht sicher sind, wie es weitergeht, schauen Sie noch einmal nach und decken Sie den Text gleich wieder zu. Vergleichen Sie am Ende, ob Sie alles richtig geschrieben haben.

d Sie kommen zu spät zu einer Freundin / einem Freund. Schreiben Sie von unterwegs eine kurze Nachricht auf Ihrem Smartphone.

1 Welche Medien nutzen wir?

a Kombinieren Sie die Worthälften und bilden Sie 15 Wörter zum Thema „Medien".

~~Smart~~	Mobil	Inter	Com
Zei	Pos	Fern	Bü
Ra	E-	Zeit	Lap
Bro	MP3-	Ta	

telefon	seher	blet	
dio	Book	~~phone~~	schrift
ter	schüre	tung	cher
net	puter	Player	top

Smartphone ....

b Sehen Sie sich das Bild rechts an. Was ist die Situation? Worum geht es wohl in dem Gespräch? Vermuten Sie.

9 **c** Hören Sie jetzt das Gespräch. Welche Wörter aus 1a hören Sie? Markieren Sie sie.

9 **d** Hören Sie das Gespräch noch einmal und kreuzen Sie an.

Yuna ...	✓	✗
1 ... geht mit ihrem Smartphone nur zu Hause ins Internet.	☐	☐
2 ... hat sowohl einen Laptop als auch ein Tablet.	☐	☐
3 ... liest die Nachrichten meistens im Internet.	☐	☐
4 ... findet Zeitschriften uninteressant.	☐	☐
5 ... findet, das Handy sollte beim Essen immer ausgeschaltet sein.	☐	☐
6 ... nutzt keine sozialen Netzwerke.	☐	☐

e Welche Medien nutzen Sie besonders häufig, welche eher selten oder gar nicht? Sprechen Sie mit Ihrer Partnerin / Ihrem Partner.

immer | fast immer | meistens | oft | manchmal | selten | nie

Ich sehe selten fern.

Manchmal lese ich die Zeitung, aber meistens hole ich mir die Informationen aus dem Internet.

2 Wie nutzen wir Medien?

a Wofür nutzt Yuna ihr Smartphone? Und ihr Tablet? Hören Sie und kreuzen Sie an. 10

Yuna nutzt ihr ..., um ...	Smartphone	Tablet
1 ... zwischendurch Nachrichten zu verschicken.	☐	☐
2 ... schnell mal was im Internet nachzuschauen.	☐	☐
3 ... Filme und Serien zu schauen.	☐	☐

b Wann benutzt man *schauen* und wann *nachschauen*? Lesen Sie und streichen Sie das falsche Wort durch. In einem Fall sind beide Wörter möglich.

(nach)gucken:
ein anderes Wort für *(nach)schauen*
Der erste Buchstabe wird wie ein „k" ausgesprochen: „kucken".

1 Ich habe das Buch auf Deutsch geLesen aber ich musste viele Wörter im Wörterbuch **nachschauen / schauen.**
2 Ich bin müde. Ich habe gestern bis 3 Uhr morgens Videos **nachgeschaut / geschaut.**
3 Könntest du bitte mal **nachschauen / schauen,** wann der Kinofilm anfängt?

c Ergänzen Sie die Verben in der richtigen Form. Manchmal gibt es mehrere Möglichkeiten. Vergleichen Sie anschließend im Kurs.

verschicken | lesen | telefonieren | schauen | gucken | machen | hören | posten | checken | anrufen | schreiben | nutzen | ansehen

1 Ich brauche mein Handy, um unterwegs .... und meine E-Mails ....
2 Sonntags schlafen wir lange und .... dann gemütlich die Zeitung.
3 Ich nehme mein Handy mit ins Bett und .... zum Einschlafen Podcasts oder Musik.
4 Ist es in Ordnung, wenn die Kinder Videos auf dem Smartphone .... ?
5 Ich .... soziale Medien auch beruflich. Deshalb ist mein Laptop immer dabei.
6 Stimmt es, dass du regelmäßig Blogs über Mode und Kosmetik .... ?

d Wie nutzen Sie unterschiedliche Medien? Arbeiten Sie zu viert oder zu fünft. TN A sagt einen Satz. TN B wiederholt den Satz und hängt einen weiteren Satz an. Spielen Sie so reihum.

Ich nutze mein Handy für Online-Spiele.

Daniel nutzt sein Handy für Online-Spiele.
Ich nutze mein Tablet, um morgens in der Bahn die Nachrichten zu lesen.

Daniel nutzt sein Handy für Online-Spiele.
Ana nutzt ihr Tablet, um morgens in der Bahn die Nachrichten zu lesen.
Und ich ...

3 In der Stadtbibliothek

11 **a** Hören Sie den Dialog. Zu welchen Fragen bekommt der junge Mann Informationen? Kreuzen Sie alle richtigen Antworten an.

1 ☐ Wo bekommt man einen Bibliotheksausweis?
2 ☐ Wie lange darf man einzelne Medien ausleihen?
3 ☐ Von wann bis wann ist die Bibliothek geöffnet?
4 ☐ Was passiert, wenn man Bücher zu spät zurückbringt?
5 ☐ Wo findet man Hörbücher und Spiele?

11 **b** Ergänzen Sie die Sätze aus dem Dialog. Hören Sie dann zur Kontrolle.

ausleihen | behalten | Gebühr | Anmeldung | Medien | Wochen | zahlen | Nutzung

▶ Wenn Sie ......1...... aus der Stadtbibliothek ......2...... möchten, brauchen Sie einen Bibliotheksausweis.

▶ Ich brauche für die ......3...... nur Ihren Personalausweis. Außerdem ......4...... Sie eine ......5...... von 20 Euro pro Jahr für die ......6...... der Bibliothek.

▶ Die Leihfrist für Bücher, Hörbücher und Spiele beträgt vier ......7...... . Zeitschriften dürfen Sie zwei Wochen lang ......8...... , Filme eine Woche.

c Arbeiten Sie in Gruppen und beantworten Sie die Fragen in Aufgabe 3a für die Bibliothek in Ihrer Stadt. Schauen Sie, wenn nötig, im Internet nach.

12 **d** Sie hören drei Sprachnachrichten. Wer sagt was? Kreuzen Sie an. Eine der Aussagen a–d passt nicht.

	1	2	3
a Sprecher ... hat eine Information zu den Öffnungszeiten der Bibliothek.	☐	☐	☐
b Sprecher ... möchte Bücher abholen.	☐	☐	☐
c Sprecher ... hat einen Buchtipp.	☐	☐	☐
d Sprecher ... hat einen Veranstaltungstipp.	☐	☐	☐

12 **e** Hören Sie noch einmal und beantworten Sie die Fragen.

1 Wie lange hat die Bibliothek samstags geöffnet?

....

2 Wie oft finden die Vorlesestunden statt?

....

3 Um wie viel Uhr möchte der Sprecher vorbeikommen?

....

4 Film und Fernsehen

a Ordnen Sie die Wörter den Bildern zu.

die Sportsendung | die Werbung | die Nachrichten | die Kinderserie | der Krimi | der Wetterbericht | die romantische Komödie | die Naturdoku

die Doku = die Dokumentation

1 ....

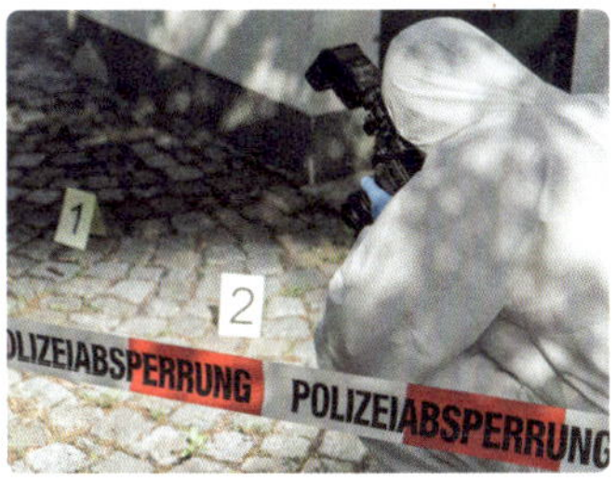

2 ....

3 ....

4 ....

5 ....

6 ....

7 ....

8 ....

b Lesen Sie und streichen Sie das falsche Wort durch. Hören Sie dann zur Kontrolle. 13

1 Gestern wurde in den Nachrichten über die Bundestagswahl **berichtet / erklärt.**
2 Ich mag romantische Komödien, weil sie **ernst / lustig** sind und immer ein gutes Ende haben.
3 Werbung finde ich nervig. Ich **schalte / schaue** meistens um, wenn Werbung kommt.
4 Wie heißt der Sender, auf dem nur Kindersendungen **gehen / laufen?**
5 Meine Lieblingsportsendung **kommt / sendet** immer samstags um 18.30 Uhr.
6 Hast du schon den **aktiven / aktuellen** Wetterbericht gehört?
7 Ich möchte die Naturdoku noch zu Ende **sehen / zuschauen,** weil ich sie sehr interessant finde.
8 Ein guter Krimi muss **aufgeregt / spannend** sein.

5 Andere Wörter, gleiche Bedeutung

So geht's

Bei der Prüfung kommen in den Hörtexten oft andere Wörter vor als in den Aufgaben. Achten Sie deshalb auf unterschiedliche Formulierungen mit gleicher oder sehr ähnlicher Bedeutung.

a Formulieren Sie die Sätze um: Ersetzen Sie die fett gedruckten Wörter durch andere. Die Bedeutung der Sätze soll gleich bleiben. Manchmal gibt es mehrere Möglichkeiten.

uninteressant | toll | beginnt | nicht teuer | jeden Tag | ausschalten | ansehen | preiswert | ~~fantastisch~~ | möchten | fotografieren | freitagabends | angucken | vorhaben

1 Der Film war **wirklich super.** *Der Film war **fantastisch**.*
2 Mein Handy war **sehr günstig.** ....
3 Ich **mache** gerne **Fotos.** ....
4 Die Veranstaltung **fängt** um 11 Uhr **an.** ....
5 Kannst du bitte das Radio **ausmachen?** ....
6 Wir **wollen** heute ins Kino gehen. ....
7 Das Hörbuch ist ziemlich **langweilig.** ....
8 Wann **schaust** du dir das Video **an?** ....
9 Der Krimi kommt **freitags um 20 Uhr**. ....
10 Welche Medien nutzt ihr **täglich?** ....

14 **b** Sie hören zu jedem Satz drei kurze Audios. Welche haben eine ähnliche Bedeutung wie der Satz? Kreuzen Sie an. Es gibt mehrere Möglichkeiten.

Eine ähnliche Bedeutung hat	Audio a	Audio b	Audio c
1 Alex **möchte** am Nachmittag eine **Sportsendung** sehen.	☒	☐	☒
2 Die neue Krimiserie **beginnt** am Freitag.	☐	☐	☐
3 Die Kindersendung **kommt immer montags um 9.30 Uhr** bei KinderTV.	☐	☐	☐
4 Der Film kommt **Ende Oktober** in die Kinos.	☐	☐	☐

c Lesen Sie nun die Hörtexte im Anhang. Welche Formulierungen finden Sie dort für die fett gedruckten Wörter in den Sätzen 1–4 aus Aufgabe 5b? Markieren Sie.

6 Zahlen, Daten und Zeiten

a Sie hören den ersten Teil eines Podcasts. Worum geht es in dem Podcast? Kreuzen Sie an. 15

1 ☐ um die Film- und Fernsehtipps für April
2 ☐ um einen Krimi, der im April in die Kinos kommt

b Hören Sie den zweiten Teil des Podcasts. Was ist richtig? Kreuzen Sie an. 16

So geht's

In der Prüfung sollen Sie oft Zahlen, Daten und Zeitangaben heraushören.

In der Regel hören Sie im Audio mehrere Zahlen, Daten oder Zeitangaben, aber für die Lösung der Aufgabe ist nur eine Information wichtig. Diese Information kann am Anfang, in der Mitte oder ganz am Ende gesagt werden. Hören Sie deshalb bis zum Schluss genau zu und kreuzen Sie erst dann Ihre Antwort an.

1 Die Kinderserie „Wauzis Welt"
- a ☐ ist für Kinder ab 5 Jahren.
- b ☐ kommt sonntagnachmittags.
- c ☐ startet am 4. April.

2 Das Spiel Bayern München gegen AC Mailand
- a ☐ beginnt um 18.00 Uhr.
- b ☐ findet Mitte April statt.
- c ☐ wird ab 20.30 Uhr übertragen.

3 Die alten Folgen der Serie werden
- a ☐ ab Ende April wiederholt.
- b ☐ im Abendprogramm gesendet.
- c ☐ nur freitags gezeigt.

Nicht vergessen!

Achten Sie auch hier wieder auf unterschiedliche Formulierungen mit ähnlicher Bedeutung, zum Beispiel:

11.30 Uhr = halb zwölf
am 1. Juni = Anfang Juni
um 20 Uhr = abends

c Lesen Sie die Hörtexte im Anhang. Markieren Sie die Information, die für die Lösung der Aufgabe wichtig ist.

Schon probiert?

Wenn Sie eine Aufgabe falsch beantwortet haben, schauen Sie sich den Text dazu besonders genau an. Versuchen Sie herauszufinden, warum Sie den Fehler gemacht haben.

7 Gemeinsam lernen

Arbeiten Sie zu zweit. Schauen Sie sich diese Lektion noch einmal an und erstellen Sie eine Mindmap zum Thema „Mediennutzung" wie in den zwei Beispielen.

So geht's

Für einige Phasen der Prüfungsvorbereitung ist es eine gute Idee, mit einer Lernpartnerin oder einem Lernpartner zusammenzuarbeiten. Wortschatztraining kann man zum Beispiel sehr gut zu zweit machen.

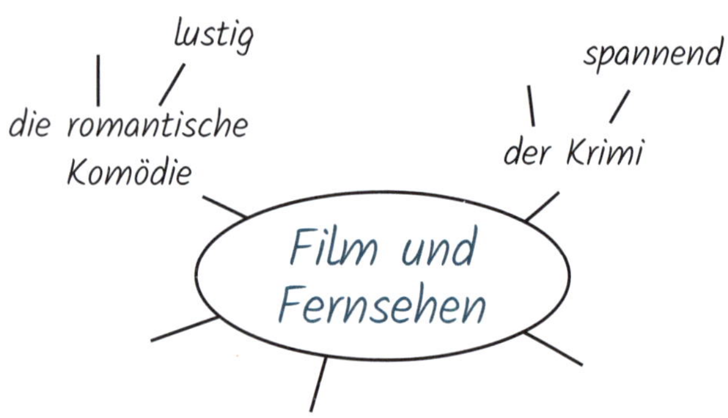

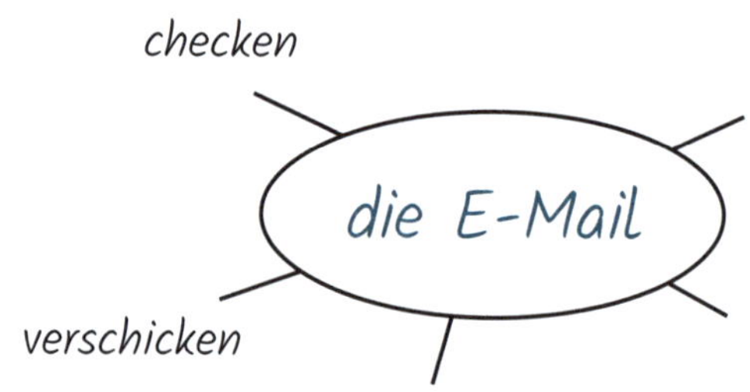

8 Prüfungsaufgabe: Hören Teil 2

17 Sie hören fünf Ansagen aus dem Radio. Zu jeder Ansage gibt es eine Aufgabe. Welche Lösung (a, b oder c) passt am besten? Kreuzen Sie an.

1 Was hören Sie?
- a ☐ Die Öffnungszeiten des Rathauses.
- b ☐ Eine Werbung für ein Seniorenhandy.
- c ☐ Informationen zu einem Kurs.

2 Der Bücherbus
- a ☐ fährt auch in den Sommerferien.
- b ☐ hält nicht an allen Haltestellen.
- c ☐ hat einen neuen Fahrplan.

3 Auf der Internetseite des Museums
- a ☐ findet man ein Video von der Eröffnung.
- b ☐ gibt es Spiele für Kinder.
- c ☐ kann man die Ausstellung online sehen.

4 Die Veranstaltung
- a ☐ beginnt um 18 Uhr.
- b ☐ findet online statt.
- c ☐ ist für Kinder und Jugendliche.

5 Das Buch
- a ☐ gibt es in mehreren Sprachen.
- b ☐ ist ein spannender Krimi.
- c ☐ kostet weniger als 10 Euro.

Schon probiert?

Hören Sie zur Vorbereitung auf die Prüfung immer wieder die Nachrichten und Programmhinweise im Radio. Es gibt auch kurze Podcasts oder Videos, die man nebenher beim Kochen oder auf dem Sofa hören kann.

9 Informationen einholen I

a In der Stadtbibliothek. Lesen Sie und ergänzen Sie.

sowohl | weil | obwohl | und | wenn | als auch | damit

Ihre Stadtbibliothek informiert

Ihre Stadtbibliothek hat von Montag bis Samstag für Sie geöffnet ……1…… bietet Ihnen alles zum Lesen Hören und Sehen. Sie können bei uns ……2…… Bücher ……3…… Filme ausleihen. ……4…… Sie einen Benutzerausweis haben, ist alles kostenlos. Sie zahlen nur eine einmalige Gebühr von 20 € für die Anmeldung. ……5…… Sie den Benutzerausweis erhalten, müssen Sie sich mit Ihrem Personalausweis anmelden. Die Leihfrist für Filme beträgt 2 Wochen, ……6…… auch andere Nutzer gerne Filme ausleihen. ……7…… Sie alle Medien online vorbestellen können, müssen Sie zur Abholung in die Stadtbibliothek kommen.

Schon fertig?
Schreiben Sie die langen Wörter aus der Aufgabe, wie *Stadtbibliothek*, auf Zettel und zerschneiden Sie die Wörter. Ihre Partnerin / Ihr Partner puzzelt alles wieder richtig zusammen. Kennen Sie noch andere lange Wörter?

b Wann ist die Bibliothek geöffnet? Formulieren Sie Fragen zu den Stichpunkten im Aushang.

Alles auf einen Blick

1 Öffnungszeiten: Mo.–Fr. 10.00 bis 20.00 Uhr / Sa. 10.00 bis 16.00 Uhr
2 Gebühr: einmalige Gebühr von 20,00 Euro für die Anmeldung
3 Leihfrist: 4 Wochen für Bücher und Zeitschriften, 2 Wochen für Filme
4 Standorte: Bücher in der 1. und 2. Etage, Filme im Erdgeschoss
5 Besonderheiten: Es gibt auch Spiele zum Ausleihen.
6 Achtung: Werden die Bücher zu spät zurückgegeben, entstehen Ihnen Kosten.

1 Wann ist die Bibliothek geöffnet?

c Sie mochten sich in der Stadtbibliothek anmelden und benötigen noch Informationen. Schreiben Sie eine E-Mail an die Stadtbibliothek.

Sehr geehrte Damen und Herren,
ich möchte mich gern in der Stadtbibliothek anmelden und habe noch einige Fragen. ...

1 Welcher Beruf ist das?

a Wer macht was? Lösen Sie das Kreuzworträtsel.

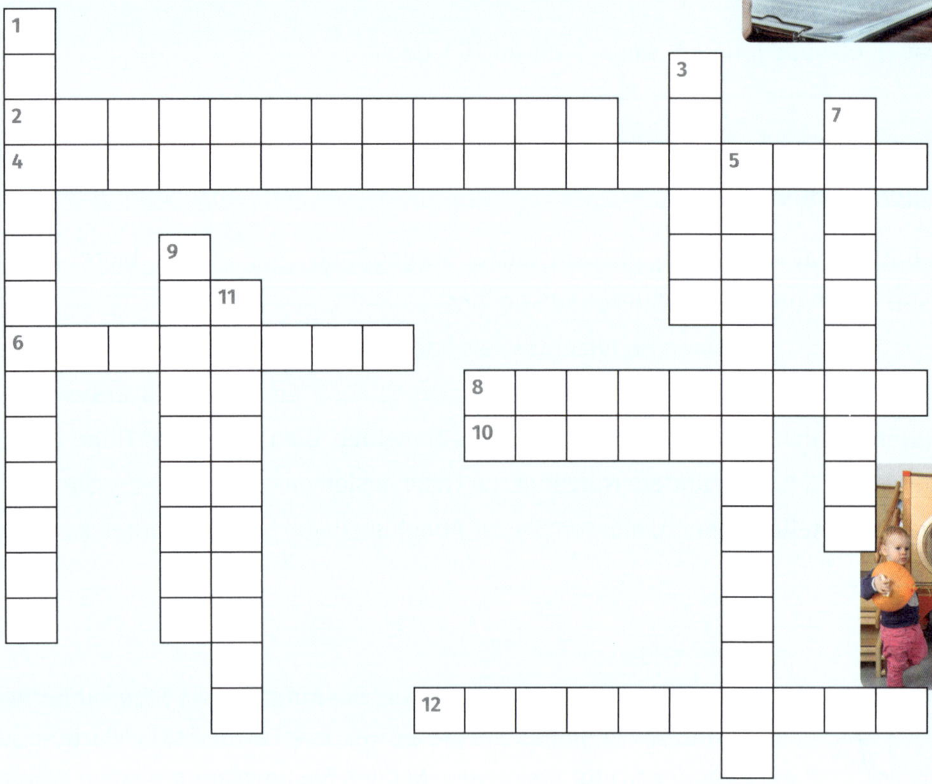

senkrecht

1 Sie leitet die Personalabteilung.
3 Sie kocht das Essen im Restaurant.
5 Er pflegt die Patienten im Krankenhaus.
7 Er repariert Autos.
9 Er verkauft Waren.
11 Sie organisiert die Abläufe im Büro.

waagerecht

2 Er vertritt andere vor Gericht.
4 Er entwickelt neue Software für den Computer.
6 Sie unterrichtet in der Schule.
8 Sie serviert das Essen im Restaurant.
10 Sie untersucht Patienten.
12 Sie betreut Kinder im Kindergarten.

b Spielen Sie „Berufe raten" in der Gruppe. Eine Person denkt an einen Beruf, darf ihn aber nicht nennen. Die anderen Mitspieler müssen Fragen zu dem Beruf stellen. Die Person darf nur mit *Ja* oder *Nein* antworten.

Bist du viel unterwegs?

Arbeitest du im Büro?

Arbeitest du im Team?

Arbeitest du mit den Händen?

c Wer arbeitet wo? Erstellen Sie eine Liste.

~~bei der Polizei~~ | im Krankenhaus | zu Hause | in der Fabrik | bei der Zeitung | beim Fernsehen | in einer Firma | in der Praxis | in der Schule | in der Werkstatt | in der Küche | in der Kanzlei | im Büro

bei der Polizei: Polizistin/Polizist

d Sprechen Sie mit Ihrer Partnerin / Ihrem Partner über Ihren Beruf.

Was machst du beruflich?

Wo arbeitest du?

Was ist dein Traumberuf?

Suchst du eine Arbeit?

Wie sind deine Arbeitszeiten?

Macht dir deine Arbeit Spaß?

e Lesen Sie und ergänzen Sie.

Überstunden | arbeitslos | Kollegen | selbstständig | Gehalt

1 Mein Nachbar sucht eine Arbeit. Er ist seit drei Monaten ....
2 Ich gehe gerne arbeiten, denn ich verstehe mich gut mit meinen ....
3 In der Firma haben wir momentan viel zu tun. Wir müssen alle .... machen.
4 Herr Peterson hat sein eigenes Geschäft. Er ist ....
5 Der Arbeitgeber bezahlt seinen Angestellten monatlich ein ....

f Wie heißen die Wörter zum Thema „Arbeitszeit"? Schreiben Sie die Wörter richtig.

1 Man arbeitet 40 Stunden in der Woche.	V l l o t e i z	....
2 Man arbeitet 20 Stunden in der Woche.	t g s a l b h a	....
3 Man arbeitet weniger als Vollzeit.	T z l e i t e i	....
4 Man arbeitet zu wechselnden Uhrzeiten.	S c h t c h i a b r t e i	....

2 Auf Arbeitssuche

a Lesen Sie die Stellenanzeige und formulieren Sie Fragen dazu. Beantworten Sie dann die Fragen Ihrer Partnerin / Ihres Partners.

1 Wie heißt der Arbeitgeber?
Kita Sonnenberg
2
3

Kita Sonnenberg
sucht
einen Erzieher (m/w/d)

Wir bieten Ihnen:
- eine unbefristete Vollzeitstelle ab sofort
- kollegiale Zusammenarbeit in erfahrenem Team

Wir erwarten:
- abgeschlossene Berufsausbildung
- soziale Kompetenz und strukturierte Arbeitsweise
- Begeisterung & Teamfähigkeit

Bewerbungen an:
wagner@kita-sonnenberg.de

b Wie soll der ideale Bewerber sein? Ergänzen Sie die Adjektive.

1 fl..x..b..l
2 z..v..rl..ss..g
3 t....mf..h..g
4 fr....ndl..ch
5 p..nktl..ch
6 ..rd..ntl..ch
7 s..rgf..lt..g

c Lesen Sie den Dialog und ergänzen Sie.

Berufserfahrung | Stelle | Berufsausbildung | Bewerbungsunterlagen | Stellenanzeige

▶ Kita Sonnenberg, mein Name ist Wagner. Was kann ich für Sie tun?

▷ Guten Tag. Mein Name ist Sarah Lindner. Ich rufe wegen Ihrer ....1............ an. Ist die ....2............ noch frei?

▶ Ja, die ist noch frei. Sind Sie Erzieherin mit einer abgeschlossenen ....3............?

▷ Ja. Ich habe auch schon drei Jahre ....4............ .

▶ Das hört sich gut an. Schicken Sie uns doch Ihre ....5............ .

18 **d** Hören Sie den Dialog aus Aufgabe 2c zur Kontrolle.

e Welches Wort passt nicht? Streichen Sie es durch.

1	Bewerbung	Lebenslauf	Zeugnisse	~~Fachzeitschrift~~
2	Gewerkschaft	Arbeitgeber	Termin	Arbeitnehmer
3	Weiterbildung	Studium	Lehre	Arbeitsstelle
4	Fabrik	Firma	Unterlagen	Betrieb
5	Gehalt	Einkommen	Steuer	Lohn
6	Fähigkeit	Arbeit	Tätigkeit	Beschäftigung
7	Jobcenter	Arbeitsamt	Schule	Agentur für Arbeit

f Verbinden Sie die Synonyme.

1	entlassen	a	beschäftigen
2	einstellen	b	führen
3	leiten	c	kündigen
4	jobben	d	senden
5	schicken	e	arbeiten

g Fertigen Sie eine Mindmap zum Thema „Arbeit" an.

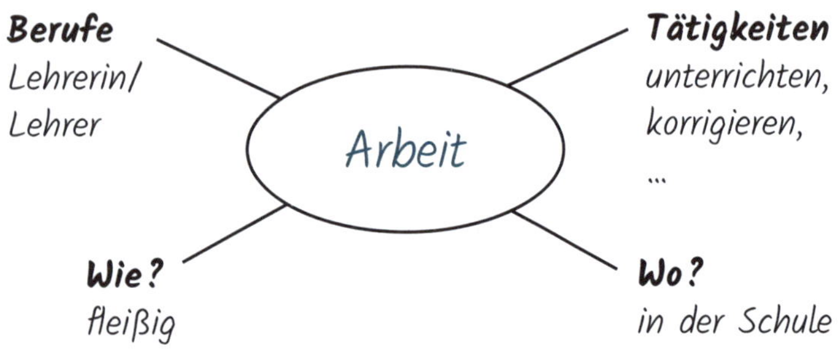

Schon fertig?
Schreiben Sie Sätze mit den Wörtern aus Aufgabe 2g.

Ein Lehrer unterrichtet in der Schule.

h Was tun Sie, um ein neue Stelle zu finden? Sprechen Sie im Kurs.

3 Bei der Arbeit

a Hören Sie die beiden Dialoge und kreuzen Sie an. 19

	✓	✗
Dialog A		
1 Die Personen arbeiten zusammen.	☐	☐
2 Es gibt keine Interessenten für den Bootsausflug.	☐	☐
3 Es wird ein Picknick gemacht.	☐	☐
4 Nach dem Essen kann man wandern, Tennis oder Schach spielen.	☐	☐
Dialog B		
5 Die Personen arbeiten in der gleichen Firma.	☐	☐
6 Die Personen sprechen über einen Kollegen.	☐	☐
7 Herr Haber geht ins Ausland.	☐	☐
8 Die Personen schenken dem Kollegen einen Gutschein mit einer Karte.	☐	☐

b Ihre Kollegin wird in zwei Wochen 50 Jahre alt. Sie möchten ihr etwas schenken. Planen Sie gemeinsam, was Sie ihr schenken könnten. Überlegen Sie sich auch die Details: Was darf das Geschenk kosten? Gibt es noch eine zusätzliche Überraschung? Sprechen Sie im Kurs.

c Schreiben Sie die Wörter richtig.

▶ Hallo, Stefan!

▷ Hallo, Samira. Kommst du auch zu der ....1.......... (B s p u n g e c h r e)?

▶ Ja, klar. Ich muss nur noch die ....2.......... (S c h t c h i p l n ä e) für den ....3.......... (B t r i e s e b r a t) ausdrucken.

▷ Und ich habe hier schon die ....4.......... (M t i a r t e i b e r l s t i e) dabei, schau mal.

d Hören Sie den Dialog aus Aufgabe 3c zur Kontrolle. 20

e Hören Sie die Gespräche und ordnen Sie die Themen zu. 21

Dialog 1	a	Kundenanfrage
Dialog 2	b	Termin
Dialog 3	c	Mittagspause

f Wie ist der Arbeitsalltag in Ihrem Land? Sprechen Sie im Kurs.

Sagt man zu den Kollegen Du oder Sie?

Bei uns gibt es auch einen Betriebsrat.

Wie spricht man den Chef an?

Das Geschenk kauft immer der Chef.

4 Beziehungen erkennen

So geht's

In diesem Prüfungsteil hören Sie mehrere Gespräche. Zu jedem Gespräch gibt es zwei Aufgaben. Bei der ersten Aufgabe müssen Sie die Situation grob erfassen. Dabei geht es oft darum, in welchem Verhältnis die sprechenden Personen zueinander stehen. Kennen sie sich, sind sie vielleicht Freunde, Nachbarn oder Arbeitskollegen? Achten Sie in Dialogen darauf, ob die Personen sich mit Du oder Sie ansprechen. Auch Gemeinsamkeiten können hier gefragt sein, z. B. *Beide haben einen Termin*, oder Handlungsabsichten der sprechenden Personen, z. B. *Die Person möchte sich bewerben.*

a Schauen Sie sich die Bilder an und stellen Sie mit Ihrer Partnerin / Ihrem Partner Vermutungen an.

- Wo sind die Personen?
- Welche Beziehung haben die Personen zueinander?
- Sagen die Personen Du oder Sie zueinander?
- Worüber sprechen die Personen?

Ich glaube, sie sind in ...

Vielleicht sprechen Sie über ...

1 

2 

3 

4 

b Wo siezt man sich und wo duzt man sich in Deutschland? Ordnen Sie zu und diskutieren Sie im Kurs.

beim Arzt | auf dem Amt | im Sprachkurs | ~~in der Familie~~ | auf der Arbeit | auf einer Party mit Freunden | im Kindergarten | in Geschäften

Du sagen = duzen
Sie sagen = siezen

Duzen	Siezen	beides möglich
in der Familie		

c Hören Sie die Dialoge. Welche Beziehung haben die Sprechenden zueinander? Kreuzen Sie *ja* oder *nein* an. 22

	ja	nein
1 Arbeiten Frau Sandrock und Herr Krissel zusammen im Friseursalon?	☐	☐
2 Sind die Personen Freunde?	☐	☐
3 Sind Linda und Mohammad Nachbarn?	☐	☐
4 Arbeiten die beiden Personen in derselben Firma?	☐	☐
5 Sind Leyla und Thomas Kollegen?	☐	☐

Nicht vergessen!
Unterstreichen Sie vor dem Hören die Schlüsselwörter.

d Woran haben Sie die Beziehung der Sprechenden zueinander erkannt? Lesen Sie die Hörtexte im Anhang und markieren Sie die Stellen, die etwas über die Beziehung der beiden aussagen. Sprechen Sie im Kurs.

5 Ein Dialog – zwei Aufgaben

a Hören Sie die Dialoge noch einmal. Was ist richtig? Kreuzen Sie an. 22

So geht's

Bei der zweiten Aufgabe dieses Prüfungsteils geht es ums Detailverstehen. Das heißt, dass Sie sehr genau zuhören müssen, um Einzelheiten zu verstehen und die richtige Antwort auszuwählen.

1 Frau Sandrock sucht eine
- a ☐ Halbtagsstelle.
- b ☐ Vollzeitstelle.

2 Die Frau möchte
- a ☐ ein Rezept abholen.
- b ☐ ein Medikament abholen.

3 Linda hat
- a ☐ Probleme mit einer Kollegin.
- b ☐ Probleme mit einer Kundin.

4 Herr Özgur
- a ☐ arbeitet schon in der Firma.
- b ☐ möchte in der Firma arbeiten.

5 Leyla will
- a ☐ nicht zu der Hochzeit gehen.
- b ☐ ihre Arbeitsschicht mit Thomas tauschen.

b Fassen Sie nach dem Hören die fünf Dialoge kurz zusammen: Wer spricht mit wem, und wo befinden sich die sprechenden Personen?

So geht's

In diesem Prüfungsteil müssen Sie jeweils zwei Aufgaben zu einem Dialog beantworten. Da in der zweiten Aufgabe Details gefragt sind, konzentrieren Sie sich beim Hören besonders auf die zweite Frage. Die erste Frage, die sich auf die Situation an sich bezieht, können Sie oft nach dem Hören beantworten.

6 Prüfungsaufgabe: Hören Teil 3

23 Sie hören vier Gespräche. Zu jedem Gespräch gibt es zwei Aufgaben. Entscheiden Sie bei jedem Gespräch, ob die Aussage dazu richtig oder falsch ist und welche Antwort (a, b oder c) am besten passt. Kreuzen Sie an.

Beispiel

	✓	✗
Sie hören eine Besprechung zwischen Kollegen.	☒	☐

Worum geht es?

a ☐ Der Mann erzählt von seinen Urlaubserlebnissen.
b ☐ Die Frau ist neu in der Firma.
c ☒ Die Frau stellt Themen vor.

	✓	✗
1 Sunita braucht Hilfe bei ihren Bewerbungen.	☐	☐

2 Sunita

a ☐ fängt nächste Woche ihre neue Stelle an.
b ☐ hat drei Bewerbungen verschickt.
c ☐ hatte schon ein Vorstellungsgespräch.

	✓	✗
3 Beide Personen sind mit ihrem Job zufrieden.	☐	☐

4 Antonio

a ☐ arbeitet seit einem Jahr bei der Firma.
b ☐ hätte gern andere Arbeitszeiten.
c ☐ hat Probleme mit einigen Kollegen.

	✓	✗
5 Andreas und Kristina planen ein gemeinsames Wochenende.	☐	☐

6 Kristina

a ☐ hat am Wochenende noch nichts vor.
b ☐ will Freunden am Wochenende helfen.
c ☐ zieht am Wochenende um.

	✓	✗
7 Filip und Naomi sprechen über ihre Berufswünsche.	☐	☐

8 Naomi findet, dass Erzieher

a ☐ gute Berufsaussichten haben.
b ☐ kein Beruf für Männer ist.
c ☐ viel Geld verdienen.

7 Am Arbeitsplatz kommunizieren

a Welche Überschrift passt? Ordnen Sie zu.

Private E-Mail an eine Kollegin | Berufliche Mitteilung an eine Kollegin | Informationen für eine Bewerbung einholen

1 ....

Betreff:

Sehr geehrte Damen und Herren,

ich interessiere mich sehr für Ihr Stellenangebot. Können Sie mir bitte mitteilen, bis wann Sie meine Unterlagen benötigen? Außerdem interessiert mich, ob es eine Vollzeitstelle ist.

Mit freundlichen Grüßen

Sarah Lindner

2 ....

Betreff:

Liebe Katrin,

leider kann ich am Samstagnachmittag nicht zu deinem Geburtstag kommen.
Ich habe noch so viel zu tun, dass ich am Wochenende Überstunden machen muss.
Ich wünsche dir aber eine schöne Feier.

Liebe Grüße

Deine Gisela

3 ....

Betreff:

Hallo Samira,

für die Mitarbeiterbesprechung benötige ich dringend die Schichtpläne für den Betriebsrat. Könntest du die bitte ausdrucken?

Vielen Dank

Stefan

Schon probiert?

Arbeiten Sie zu zweit. Ihre Partnerin / Ihr Partner diktiert eine Nachricht aus Aufgabe 7a, Sie schreiben. Kontrollieren Sie danach gemeinsam, ob alles richtig ist. Achten Sie auch auf Punkt und Komma sowie die Großschreibung.

b Was passt zusammen? Verbinden Sie. Es gibt mehrere Möglichkeiten.

Anrede	**Gruß**
1 Sehr geehrte Damen und Herren,	a Bis bald
2 Sehr geehrter Herr Meissner,	b Mit freundlichen Grüßen
3 Liebe Frau Wagner,	c Liebe Grüße
4 Hallo Ivetta,	d Viele Grüße

c Schreiben Sie eine kurze E-Mail an eine Kollegin / einen Kollegen zu einem der folgenden Themen. Denken Sie an die richtige Anrede.

- zusammen Mittagspause machen
- sich nach dem Feierabend treffen
- Spätschicht tauschen
- den Schichtplan schicken

1 Ich wohne in einem Altbau.

24 **a** Wer wohnt wo? Hören Sie und schreiben Sie die Namen der Personen unter die Bilder.

Miriam | Rohan | Bianca

1 .... 2 .... 3 ....

24 **b** Hören Sie noch einmal und kreuzen Sie alle richtigen Sätze an.

1 Miriams neue Wohnung
- a ☐ ist nicht weit von der Universität.
- b ☐ ist in einem modernen Haus.
- c ☐ ist nicht so teuer.
- d ☐ hat einen sehr kleinen Balkon.

2 Rohan
- a ☐ wohnt im vierten Stock.
- b ☐ hat einen Holzfußboden im Schlafzimmer.
- c ☐ wohnt im Stadtzentrum.
- d ☐ muss seine Wohnung renovieren.

3 Bianca wohnt mit ihrer Familie
- a ☐ in der Innenstadt.
- b ☐ in einem Mietshaus.
- c ☐ in einem Haus mit Garten.
- d ☐ in einer ruhigen Gegend.

Nicht vergessen!
Sie hören die richtigen Antworten nicht immer genau so wie in der Aufgabenstellung, sondern meist mit unterschiedlichen Formulierungen.

c Schreiben Sie die Wörter richtig.

1 r a g v e t M i e r t
Ich habe letzte Woche meinen .... unterschrieben.

2 m Q u e t a d r a t e r
Meine Altbauwohnung ist 74 .... groß und frisch renoviert.

3 s c h D o s s a c h g e
Ich wohne oben im .... Leider gibt es im Haus keinen Aufzug.

4 d t n d a S t r a
Wir haben ein Haus am .... Da ist es ruhiger als im Zentrum.

5 e w a a B d e n n
Ich habe ein großes Bad mit ....

2 Die Wohnung ist im 1. OG.

a Was bedeuten die Abkürzungen? Verbinden Sie.

1	**OG**	a	Kaution	7	**WM**	g	Einbauküche
2	**KM**	b	Quadratmeter	8	**EBK**	h	Wohngemeinschaft
3	**qm**	c	Zimmer	9	**NK**	i	Nebenkosten
4	**Kaut.**	d	Obergeschoss	10	**WG**	j	Wohnung
5	**Zi.**	e	Balkon	11	**MM**	k	Warmmiete
6	**Blk.**	f	Kaltmiete	12	**Whg.**	l	Monatsmiete

b Lesen Sie die beiden Wohnungsanzeigen und hören Sie das Gespräch. Über welche Anzeige sprechen die Personen? Kreuzen Sie an. 25

1 ☐

Schöne 2-Zi.-Whg. im Zentrum
Renovierter Altbau, große Küche, 67 qm, KM 630 € + NK. 2 MM Kaut., ab sofort.
Tel.: 9875455

2 ☐

2 ZKB in zentraler Lage
63 qm, 3. OG, Blk., moderne EBK, Garage, ruhiges Haus. WM 710 €.
Tel.: 4036776

c Hören Sie noch einmal und kreuzen Sie die richtige Lösung an. 25

Die Wohnung ist ...

1 a ☐ noch frei.
b ☐ nicht mehr frei.

2 a ☐ möbliert.
b ☐ nicht möbliert.

3 a ☐ renoviert.
b ☐ nicht renoviert.

4 a ☐ im 3. OG.
b ☐ im Erdgeschoss.

Die Nebenkosten sind ...

5 a ☐ 80 Euro.
b ☐ 90 Euro.

Der Besichtigungstermin ist ...

6 a ☐ um 10.30 Uhr.
b ☐ um 11.30 Uhr.

Die Adresse ist ...

7 a ☐ Merkurstraße 89.
b ☐ Merkurstraße 98.

d Welche Verben passen? Unterstreichen Sie sie.

1 Eine Wohnung kann man ...
besichtigen / installieren / renovieren / vermieten / umsteigen / einrichten / beenden / aufräumen / entschließen / überweisen / suchen / reinigen / anziehen.

2 Einen Besichtigungstermin kann man ...
bewerben / vereinbaren / verschieben / teilnehmen / absagen / festnehmen / bestätigen.

3 Einen Mietvertrag kann man ...
kündigen / aufhören / unterschreiben / lesen / gründen / verstehen / verbringen.

3 Ein Lernplakat

a Suchen Sie sich eines der beiden Themenfelder aus und lesen Sie die sieben Fragen unter dem Bild. Erstellen Sie ein Lernplakat in der Gruppe.

Schritt 1: Überlegen Sie sich zuerst, wie das Lernplakat am Ende aussehen soll. Schreiben Sie dann die sieben Fragen auf ein großes Blatt Papier.

Schritt 2: Ordnen Sie die Ausdrücke aus dem grauen Kasten den Fragen zu und notieren Sie sie.

Schritt 3: Sammeln Sie dann weitere Wörter zu jeder Frage.

Themenfeld 1: Mieten und vermieten

das Treppenhaus putzen | laut | der Hausflur | die Nebenkosten | ruhig | die Heizkosten | im Zentrum | im Dachgeschoss | modern | freundlich | der Keller | der Aufzug

1 Was gibt es alles in einem Mehrfamilienhaus?
2 Welche Pflichten haben die Mieter?
3 Was müssen Mieter alles bezahlen?
4 Wie kann ein Haus sein?
5 Wie kann man die Lage eines Hauses beschreiben?
6 Wie kann man die Lage einer Wohnung im Haus beschreiben?
7 Wie kann ein Vermieter sein?

Themenfeld 2: In der Wohnung

duschen | gemütlich | die Fenster putzen | nett | der Küchentisch | fernsehen | die Sonne genießen | hell | das Wohnzimmer | das Bett | staubsaugen

1 Welche Räume gibt es in einer Wohnung?
2 Was kann man in den Räumen machen?
3 Was kann man im Garten / auf dem Balkon machen?
4 Wie kann eine Wohnung sein?
5 Welche Hausarbeit muss man machen?
6 Welche Möbel gibt es in den Räumen?
7 Wie können die Nachbarn sein?

b Hängen Sie Ihr fertiges Lernplakat an die Wand und präsentieren Sie es der Gruppe.

c Sprechen Sie zu zweit oder in kleinen Gruppen über die folgenden Fragen.

- Welches Zimmer gefällt Ihnen in Ihrer Wohnung am besten? Warum?
- Wie ist das Zimmer eingerichtet / dekoriert?

4 Die Hausordnung

a Lesen Sie den Ausschnitt aus einer Hausordnung und ergänzen Sie.

darf | erlaubt | gestellt | gestört | Mieter | muss | reinigen | Vermieter | verpflichtet

Lärm

1. Die Hausbewohner/innen sollten sich so verhalten, dass andere nicht durch Lärm ______1______ werden.
2. In der Mittagszeit (13:00–15:00 Uhr) und spät abends bzw. nachts (22:00–06:00 Uhr) müssen Radios, Fernseher, etc. auf Zimmerlautstärke ______2______ werden.
3. Es ist nicht ______3______, während der Mittagszeit (13:00–15:00 Uhr) und zwischen 19:00 und 8:00 Uhr Musikinstrumente zu spielen. In den anderen Zeiten ______4______ nicht länger als zwei Stunden am Tag musiziert werden.

Sauberkeit

4. Die Bewohner/innen sind ______5______, Haus und Grundstück sauber zu halten.
5. Der ______6______ stellt einen Reinigungsplan auf. Nach diesem Plan müssen die ______7______ abwechselnd den Hausflur, das Treppenhaus, den Hof und den Bürgersteig vor dem Haus ______8______.
6. Müll ______9______ getrennt werden und darf nur in den dafür vorgesehenen Mülltonnen entsorgt werden.

b Hören Sie nun ein Gespräch zwischen zwei Nachbarinnen. Über welchen Punkt der Hausordnung sprechen die beiden? Kreuzen Sie an. 26

Punkt 1 ☐ 2 ☐ 3 ☐ 4 ☐ 5 ☐ 6 ☐

c Hören Sie das Gespräch noch einmal. Welcher Satz fasst die Meinung von Frau Michels bzw. Frau Seifert am besten zusammen? Schreiben Sie ihn in die Sprechblasen. 26

Man muss sich nicht immer gleich beschweren. | Regeln sind unwichtig. Man muss sich nicht daran halten. | Man muss sich immer genau an die Regeln halten.

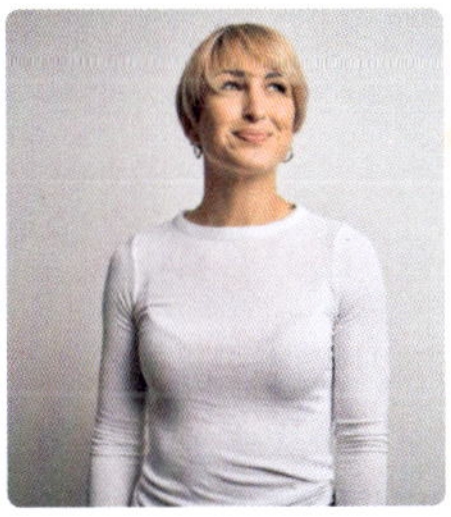

1 Frau Seifert

____

____

2 Frau Michels

5 Ich sehe das anders.

27 **a** Hören Sie das Gespräch und kreuzen Sie an.

		✓	✗
1	Die beiden Personen sprechen über die Frage, ob jedes Kind ein eigenes Kinderzimmer braucht.	☐	☐
2	Die beiden Personen haben die gleiche Meinung.	☐	☐

27 **b** Hören Sie noch einmal. Welche Ausdrücke verwenden die Sprecher? Kreuzen Sie an.

a ☐ Meiner Meinung nach ...
b ☐ Ich finde, ...
c ☐ Ich glaube, ...
d ☐ Ich bin der Meinung, dass ...
e ☐ Ich denke, ...
f ☐ Ich würde sagen, dass ...

c Wie können Sie antworten, wenn jemand seine Meinung sagt? Ordnen Sie die Sätze zu.

Da bin ich nicht (so) sicher. | Das finde ich auch. | Das stimmt. | Ich sehe das anders. | Da bin ich (ganz) anderer Meinung. | Ich sehe das auch so. | Na ja, ich weiß nicht. | Dem kann ich nicht zustimmen. | Da hast du / haben Sie (völlig) recht. | Da stimme ich dir / Ihnen zu. | Das glaube / finde ich nicht.

1 Sie haben die gleiche Meinung.

....

....

2 Sie haben eine andere Meinung.

....

....

3 Sie sind unsicher.

....

....

d Formulieren Sie abwechselnd Ihre Meinung zu den Fragen unten und reagieren Sie auf das, was Ihre Partnerin / Ihr Partner sagt. Verwenden Sie die Ausdrücke aus den Aufgaben 5b und c.

Ich bin der Meinung, dass ...

Ich sehe das auch so.

- Braucht jedes Kind ein eigenes Kinderzimmer?
- Ist es besser, in einer kleinen oder in einer großen Stadt zu leben?
- Was ist der wichtigste Raum in einer Wohnung / einem Haus?
- Ist es besser, im Stadtzentrum zu wohnen oder am Stadtrand?
- Sollten Kinder einen eigenen Fernseher im Kinderzimmer haben?
- Ist es wichtig, dass es in Mehrfamilienhäusern eine Hausordnung gibt?

Schon probiert?
Sie können auch längere Diskussionen zu den einzelnen Fragen führen.

6 Meinungen verstehen

So geht's

In diesem Prüfungsteil hören Sie die Meinungen von verschiedenen Personen.
Es ist wichtig, dass Sie die Hauptaussagen verstehen. Dabei geht es nicht um Details, sondern um die jeweilige Kerninformation. Denn Sie sollen jeder Meinung einen zusammenfassenden Satz zuordnen.

a Hören Sie drei Meinungen zur Frage „Braucht jedes Kind ein eigenes Zimmer?". Welcher Satz fasst die Meinung der jeweiligen Person am besten zusammen? Kreuzen Sie an. 28

1 Andrea
- a ☐ Ein gemeinsames Kinderzimmer ist besonders für jüngere Kinder gut.
- b ☐ Teenager brauchen einen ruhigen Ort zum Lernen.

2 Yasha
- a ☐ Ältere Kinder sollten auf jeden Fall ein eigenes Kinderzimmer haben.
- b ☐ Ein gemeinsames Zimmer ist schwierig bei großem Altersunterschied.

3 Marita
- a ☐ Im gemeinsamen Zimmer können Kinder zusammen lernen.
- b ☐ Kinder sollten zum Schulbeginn ein eigenes Zimmer bekommen.

b Lesen Sie die Hörtexte im Anhang und markieren Sie die passende Aussage. Vergleichen Sie im Kurs.

c Hören Sie nun eine Aussage, die weit über B1-Niveau liegt. Sehen Sie sich die Bilder an. Wer spricht hier wohl: Person 1 oder Person 2? Kreuzen Sie an. 29

1 ☐

2 ☐

So geht's

Manchmal hören Sie unbekannte Wörter, die Ihnen schwierig erscheinen. Das ist nicht schlimm. Sie müssen nicht jedes Wort verstehen, um die Aufgabe zu lösen.

d Hören Sie noch einmal und kreuzen Sie an. 29

1 Der junge Mann wohnt
- a ☐ in einer kleinen Stadt.
- b ☐ in einer großen Stadt.

2 Das Leben dort
- a ☐ gefällt ihm gut.
- b ☐ gefällt ihm nicht so gut.

3 Am Wochenende
- a ☐ feiert er gern.
- b ☐ bleibt er am liebsten zu Hause.

4 Der junge Mann
- a ☐ hat ein Auto.
- b ☐ hat kein Auto.

e Wie waren die letzten beiden Höraufgaben für Sie? Wie viele Fragen haben Sie richtig beantwortet? Sprechen Sie im Kurs.

f Lesen Sie nun den Hörtext im Anhang und versuchen Sie, die Bedeutung einiger Wörter und Ausdrücke zu erraten. Kreuzen Sie an.

Was glauben Sie, ...

1 ... was ist eine Metropole?
- a ☐ eine große Stadt.
- b ☐ ein kleines Dorf.

2 ... was bedeutet der Ausdruck „da geht die Post ab"?
- a ☐ Da ist viel los, es ist laut.
- b ☐ Da ist es ruhig und gemütlich.

3 ... was bedeutet „gut drauf sein"?
- a ☐ sich langweilen
- b ☐ fröhlich sein

4 ... was bedeutet „ruck, zuck"?
- a ☐ langsam
- b ☐ schnell

30 **g** Ist es besser, in einer kleinen Stadt zu leben oder in einer großen? Lesen Sie zuerst die Sätze a–d. Hören Sie dann drei Meinungen. Welcher Satz passt zu welcher Meinung? Verbinden Sie. Ein Satz passt zu keiner Meinung.

Meinung 1
Meinung 2
Meinung 3

a In kleinen Städten sind Wohnungen günstiger.
b Kleine Städte sind für Familien mit Kindern besser.
c In großen Städten gibt es mehr Arbeitsmöglichkeiten.
d Große Städte bieten mehr Unterhaltung.

7 Prüfungsaufgabe: Hören Teil 4

31 Sie hören Aussagen zu einem Thema. Welcher der Sätze a–f passt zu den Aussagen 1–3? Lesen Sie jetzt die Sätze a–f. Dazu haben Sie eine Minute Zeit. Danach hören Sie die Aussagen.

	a	b	c	d	e	f
Beispiel	☐	☒	☐	☐	☐	☐
1	☐	☐	☐	☐	☐	☐
2	☐	☐	☐	☐	☐	☐
3	☐	☐	☐	☐	☐	☐

So geht's

Lesen Sie zuerst alle Sätze und überlegen Sie, um welches Thema es in den Aussagen geht.

a Erst wenn die Hausaufgaben fertig sind, sollten Kinder im Haushalt helfen.
b Jüngere Kinder helfen oft gerne in Haus und Garten.
c Kinder, die bei der Hausarbeit helfen, kommen später im Alltag besser zurecht.
d Kinder sollten sich die Aufgaben selbst aussuchen dürfen.
e Nur Mädchen sollten im Haushalt helfen.
f Schulkinder haben genug Stress. Sie brauchen auch ihre Freizeit.

8 Fragen höflich formulieren

a Wie kann man fragen? Schreiben Sie zu jedem Stichpunkt mindestens eine Frage in Ihr Heft. Manchmal gibt es mehrere Möglichkeiten.

1 Quadratmeter
Wie groß ist die Wohnung?
Wie viele Quadratmeter hat die Wohnung?
2 Zimmer
3 Einbauküche
4 Kaltmiete
5 Nebenkosten
6 Balkon
7 Kaution
8 Besichtigungstermin

b Schreiben Sie die Fragen aus Aufgabe 8a um, sodass sie höflicher klingen.

Mich interessiert, … | Ich möchte gern wissen, … | Können Sie mir mitteilen, … | Es ist wichtig, dass … | Es wäre schön, wenn …

1 Mich interessiert, wie groß die Wohnung ist.

c Lesen Sie den Aushang. Wählen Sie dann eine der beiden Personen aus und schreiben Sie in ihrem Namen eine Mail an die Wohnungsbaugesellschaft.

Sie suchen eine Wohnung oder ein WG-Zimmer? Dann sind Sie bei uns genau richtig. Schreiben Sie uns, was Sie suchen, und wir nehmen Kontakt zu Ihnen auf.
Ihre Wohnungsbaugesellschaft „Ausblick"
Ihre Ansprechpartnerin ist Frau Sonja Ferber.

So geht's
Überlegen Sie zuerst genau, was Sie wissen möchten. Notieren Sie anfangs nur Stichworte oder Fragen. Beginnen Sie erst dann mit der Mail.

Person A
Miriam Schüller, Studentin, sucht 1 WG-Zimmer, ab Oktober, in der Nähe der Uni, mit Balkon und günstiger Miete

Person B
Rohan Scharff, Angestellter, sucht eine Dachgeschosswohnung mit 2 Zimmern und Küche, Bad mit Badewanne, im Altbau, in der Innenstadt

Sehr geehrte Frau Ferber,
mein Name ist Miriam Schüller. Ich bin Studentin und suche ab Oktober ein WG-Zimmer …

Schon fertig?
Korrigieren Sie Ihre Mail. Fragen Sie auch Ihren Kursleitenden. Wenn alles richtig ist, schreiben Sie Ihre Mail gut lesbar auf einen Zettel und zerschneiden sie dann. Ihre Partnerin / Ihr Partner setzt die Mail wieder zusammen.

1 Auf dem Amt

a Bilden Sie so viele Wörter mit *-amt* wie möglich.

~~Wohnungs-~~ | Möbel- | Standes- | Kleidungs- | Auto- | Kinder- | Gesundheits- | Einwohnermelde- | Jugend- | Finanz- | Sozial- | Umwelt- | Schul- | Ordnungs-

Wohnungsamt, ...

....

....

....

....

....

Schon fertig?
Kennen Sie noch andere Begriffe für die Ämter?

Einwohnermeldeamt = Bürgerbüro, ...

b Bilden Sie aus den Worthälften 8 Wörter zum Thema „wichtige Dokumente". Vergessen Sie die Artikel nicht.

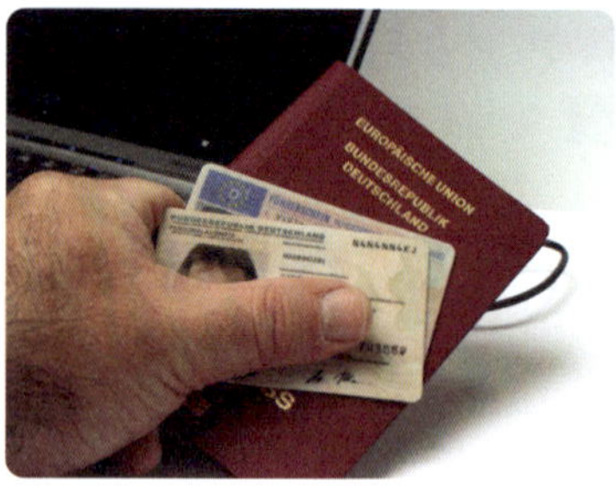

~~Geburts-~~	Pass-
Reise-	Sterbe-
Personal-	Führer-
Heirats-	Melde-

-bild	~~-urkunde~~
-urkunde	-ausweis
-bescheinigung	-pass
-schein	-urkunde

Dokumente
= Papiere
= Unterlagen

1 *die Geburtsurkunde*
2 ....
3 ....
4 ....
5 ....
6 ....
7 ....
8 ....

c Ergänzen Sie die fehlenden Verben oder Nomen.

	Verb	Nomen
1	unterschreiben	*die Unterschrift*
2	....	die Verlängerung
3	bescheinigen	....
4	....	die Genehmigung
5	beantragen	....

	Verb	Nomen
6	erlauben	....
7	....	die Ablehnung
8	bestätigen	....
9	....	der Nachweis
10	sich informieren	....

d Welche Verben passen zu den Nomen? Ordnen Sie zu. Manchmal gibt es mehrere Möglichkeiten.

beantragen | stellen | verlängern | ausfüllen | unterschreiben | bekommen | abgeben | ablehnen

1 ein Formular *ausfüllen,* ……
2 einen Pass ……
3 einen Antrag ……
4 eine Arbeitserlaubnis ……
5 einen Bescheid ……
6 eine Frist ……
7 eine Auskunft ……
8 eine Geburtsurkunde ……
9 ein Visum ……

e Welche Wörter haben eine ähnliche Bedeutung? Verbinden Sie.

1	Heirat	a	Sammelstelle für Fundsachen
2	Führerschein	b	beantragen
3	Fundbüro	c	Herkunftsland
4	einen Antrag stellen	d	Formular
5	Erlaubnis	e	Eheschließung
6	Heimatland	f	benötigen
7	Nationalität	g	Fahrerlaubnis
8	Antrag	h	Behörde
9	brauchen	i	Staatsangehörigkeit
10	Amt	j	Genehmigung
11	Bürgerbüro	k	Dokument
12	Bescheid	l	Bürgeramt
13	Amtsleitung	m	Amtsleiterin / Amtsleiter
14	Gebühr	n	Entscheidung
15	Urkunde	o	Betrag
16	Adresse	p	Anschrift

Schon fertig?
Schreiben Sie zu allen Nomen die richtigen Artikel.

2 Dialoge bei den Ämtern

a Was bedeuten die Abkürzungen? Verbinden Sie.

1 BiZ	a Volkshochschule
2 Kfz-Zulassungsstelle	b Berufsinformationszentrum
3 VHS	c Bundesamt für Migration und Flüchtlinge
4 IHK	d Kraftfahrzeug-Zulassungsstelle
5 BAMF	e Handwerkskammer
6 Hwk	f Industrie- und Handelskammer

b Lesen Sie die Dialoge und ergänzen Sie.

Antrag | befristet | beantragen | zuständig | gültig | abgelaufen | informieren | Frist | Gebühr

1 ▶ Guten Morgen. Ich möchte einen Integrationskurs machen.
▷ Füllen Sie diesen .... auf Zulassung zu einem Integrationskurs aus und schicken Sie ihn an das BAMF.

2 ▶ Guten Tag. Könnten Sie mir sagen, wo ich mich über Berufe .... kann?
▷ Ja, natürlich.

3 ▶ Entschuldigung. Wo ist die Familienkasse? Ich möchte Kindergeld ....
▷ Gehen Sie in das Zimmer 31. Frau Heimann ist dafür ....

4 ▶ Tut mir leid. Die .... für den Antrag ist .... Füllen Sie bitte das Formular noch einmal aus.
▷ Danke, das mache ich.

5 ▶ Bitte bezahlen Sie die .... am Automaten.
▷ Und wo ist der Automat?

6 ▶ Könnten Sie mir bitte sagen, wie lange mein ukrainischer Führerschein hier .... ist?
▷ Ja, er ist nur sechs Monate gültig.

7 ▶ Ihre Aufenthaltserlaubnis ist ....
▷ Kann ich meine Aufenthaltserlaubnis verlängern?

🔊 32 **c** Hören Sie zur Kontrolle.

d Spielen Sie einen Dialog mit Ihrer Partnerin / Ihrem Partner.

Person A	**Person B**
Sie benötigen eine Auskunft im Bürgeramt. Fragen Sie.	Sie sind Sachbearbeiterin / Sachbearbeiter beim Bürgeramt. Geben Sie Auskunft.

3 Ämter und ihre Zuständigkeiten

a Spielen Sie zu zweit. Sie brauchen zwei Spielfiguren und eine Münze.

Spielregeln:
1. Jeder Spieler hat eine Spielfigur. Beginnen Sie auf dem Feld „Start“.
2. Werfen Sie eine Münze. Gehen Sie bei „Zahl“ ein Feld und bei „Kopf“ zwei Felder weiter.
3. Kreuzen Sie im Feld an: Was macht oder bekommt man auf diesem Amt? Wer die Frage falsch beantwortet, muss eine Runde aussetzen. Oft sind mehrere Antworten richtig.
4. Wer zuerst im Ziel ist, hat gewonnen.

START

1
Agentur für Arbeit / Arbeitsamt
a ☐ Sperrmüllanmeldung
b ☐ sich arbeitslos melden
c ☐ Arbeit suchen
d ☐ Arbeitslosengeld beantragen

2
Standesamt
a ☐ Namensänderung
b ☐ heiraten
c ☐ Geburtsurkunde
d ☐ Sterbeurkunde

3
Finanzamt
a ☐ Steuererklärung abgeben
b ☐ Parkausweise
c ☐ Steuerbescheid

4
Fundbüro
a ☐ gefundene Sachen
b ☐ Bücher ausleihen

5
Meldestelle
a ☐ Verkehrsplanung
b ☐ Wohnsitz an-, ab- und ummelden
c ☐ Ausweis / Pass ausstellen
d ☐ Beglaubigung

6
Wohnungsamt
a ☐ Wohngeldantrag
b ☐ Vermittlung von Sozialwohnungen
c ☐ Mietrechtliche Beratung

7
Sozialamt
a ☐ Sozialhilfe beantragen
b ☐ Autokauf

8
Ausländerbehörde
a ☐ Aufenthaltserlaubnis
b ☐ Familiennachzug beantragen

9
Jugendamt
a ☐ Erziehungsberatung
b ☐ Kinder- und Jugendschutz
c ☐ Lohnsteuer

10
Polizei
a ☐ Verkehrsunfälle dokumentieren
b ☐ eine Anzeige stellen

ZIEL

b Wann waren Sie das letzte Mal bei einem Amt / einer Behörde? Was haben Sie dort gemacht? Sprechen Sie mit Ihrer Partnerin / Ihrem Partner.

Ich war letzte Woche bei der Ausländerbehörde.

Ich war noch nie beim Fundbüro, ich habe nichts verloren.

4 Wichtige Informationen filtern

So geht's

Bei dieser Aufgabe geht es darum, in einem Listentext sehr schnell die relevanten Informationen zu finden. Verschaffen Sie sich dafür zunächst einen Überblick über den Aufbau der Liste: Wo finden Sie welche Informationen? Dadurch können Sie anschließend die Aufgabe schneller beantworten. Der Listentext kann ein Wegweiser, ein Inhaltsverzeichnis, ein Katalog oder Ähnliches sein.

a Schauen Sie sich mit Ihrer Partnerin / Ihrem Partner den Listentext an und beantworten Sie gemeinsam die Fragen.

Bürgeramt

Stockwerk	Zimmernummer	Aufgaben
3.OG	30–39	**Gesundheitsamt** Beratung, Infektionsschutz, Schuleignungsuntersuchung
2.OG	20–29	**Wohnungsamt** Wohngeld, Vermittlung von Sozialwohnungen
1.OG	10–19	**Standesamt** Anträge zur Eheschließung, Durchführung von Eheschließungen
EG	01–09	**Meldestelle** An-, Ab-, Ummeldung, Beglaubigungen

1 Wo findet man so eine Übersichtstafel? ....
2 Wie viele Spalten hat diese Übersichtstafel? ....
3 Nennen Sie die Überschriften der Spalten. ....
4 Welche Informationen enthalten die einzelnen Zeilen? ....
5 Welche weiteren Informationen finden Sie? Nennen Sie ein Beispiel. ....

Schon probiert?

Fotografieren Sie Wegweiser oder Übersichtstafeln im Kaufhaus, im Baumarkt, bei Behörden und Ämtern, Inhaltsverzeichnisse von Katalogen oder Webseiten. Üben Sie mit denselben Fragen und kontrollieren Sie mit einer Stoppuhr: Werden Sie dabei immer schneller?

b Welches Amt bzw. welche Behörde ist zuständig? Ordnen Sie zu. Manchmal gibt es mehrere Möglichkeiten.

> **So geht's**
>
> In der Prüfung müssen Sie schnell entscheiden, welche der vielen Optionen passen. Treffen Sie eine Vorauswahl und schließen Sie so schon Kategorien aus, die für die Aufgabe nicht relevant sind. Vertrauen Sie dabei auf Ihre Erfahrung und Ihr Gefühl!
>
> Überlegen Sie beispielsweise vorher: Welche Überschrift könnte überhaupt logisch passen? Was haben Sie in Ihrem Alltag schon einmal gesehen?
>
> Lesen Sie nur bei Ihrer engeren Auswahl genau, um Ihre Vermutung zu bestätigen.

Polizei | Standesamt | Wohnungsamt | Familienkasse | Kfz-Zulassungsstelle | Fundbüro | BiZ | Jugendamt | Agentur für Arbeit | BAMF | Finanzamt

1 Sie haben Ihr Handy verloren. ....
2 Ihre Handtasche wurde gestohlen. ....
3 Sie möchten sich arbeitssuchend melden. ....
4 Sie möchten einen Integrationskurs machen. ....
5 Sie brauchen Ihre Steuer-ID-Nummer. ....
6 Sie möchten Ihr neues Auto anmelden. ....
7 Ihre Freundin hat Probleme mit der Erziehung ihrer Kinder. ....
8 Ihr Sohn braucht Informationen zu Berufen. ....
9 Ihr Freund arbeitet, aber seine Miete ist zu hoch. Er braucht Hilfe. ....
10 Sie möchten bald heiraten. ....
11 Sie sind gerade Eltern geworden und möchten die Geburt Ihres Babys melden. ....
12 Sie möchten Kindergeld beantragen. ....

5 Prüfungsaufgabe: Lesen Teil 1

Sie sind in eine neue Stadt gezogen. Lesen Sie die Aufgaben 1–5 und die Informationen. In welche Etage gehen Sie (a, b oder c)? Kreuzen Sie an.

1 Sie haben auf einer Bank im Park ein Handy gefunden und möchten es abgeben.

a ☐ 4. OG
b ☐ 1. OG
c ☐ andere Etage

2 Im Stadtpark liegt sehr viel Abfall. Sie möchten die Stadt darüber informieren.

a ☐ 2. OG
b ☐ EG
c ☐ andere Etage

3 Sie haben ein neues Auto und müssen es anmelden.

a ☐ 3. OG
b ☐ UG
c ☐ andere Etage

4 Ihr Nachbar kommt aus Syrien. Er möchte in Deutschland studieren.

a ☐ 1. OG
b ☐ 3. OG
c ☐ andere Etage

5 Sie möchten Elterngeld beantragen und brauchen das passende Formular.

a ☐ 5. OG
b ☐ 1. OG
c ☐ andere Etage

Bürgerservice

5. OG	Schwangerschaftsberatung • Familienberatung • Kita-Anmeldung • Informationen zu öffentlichen Spielplätzen • Kinder- und Jugendschutz
4. OG	Gewerbe anmelden • Informationen zu Ladenöffnungszeiten • Rentenberatung • Rentenanträge stellen • Seniorenberatung • Projekt „Wohnen im Alter“ • Fundbüro
3. OG	Ausbildungsplätze und Praktika bei der Stadtverwaltung • Ausbildung, Studium und Sprachkurse • Informationen zu Bibliotheken, Bildungsangeboten und Kulturveranstaltungen
2. OG	Umweltberatung • Natur- und Tierschutz • Ökologische Landwirtschaft • Aktion *Saubere Stadt*: illegalen Müll im Stadtgebiet melden • Informationen zu Radwegen
1. OG	Erstanmeldung von EU-Bürgern • Unterkünfte für geflüchtete Menschen • Familiennachzug • Cafeteria • Übergang zum Parkhaus • Parkautomaten
EG	Formulare für alle Ämter • Ummeldung bei Umzug • Meldebescheinigung • Parkausweise • Reiseausweise für Tiere • Beglaubigung von Dokumenten • Rundfunk- und Fernsehgebühren
UG	Kfz-Zulassung • Wunschkennzeichen beantragen • Führerschein: Internationaler Führerschein, Führerschein ab 17, Führerschein verloren oder gestohlen • Umweltzone: Fahren / Parken in der Umweltzone

6 Um einen Termin bitten

a Bringen Sie die Briefe in die Reihenfolge der Stichpunkte rechts. Schreiben Sie sie in Ihr Heft.

1

Könnten Sie mir bitte einen Termin für die Berufsberatung geben? | Mit freundlichen Grüßen | In meinem Heimatland habe ich als Lkw-Fahrer gearbeitet. | Mohammad Bakr | Sie erreichen mich auch telefonisch unter 0159 888 45 83. | Ich habe keine Berufsausbildung gemacht, aber ich besitze einen gültigen Führerschein. | Sehr geehrte Damen und Herren, | ich möchte mich gern über Berufe in Deutschland informieren.

- Anliegen
- Beruf
- Termin
- Erreichbarkeit

2

Am besten kann ich nachmittags, da ich halbtags arbeite. | Ich würde mich freuen, wenn Sie mir einen Beratungstermin schicken könnten. | Außerdem ist der Holzfußboden alt und die Fenster schließen nicht richtig. | ich benötige dringend eine Beratung. | Carola Hufschmied | Ich wohne seit 2 Jahren in einer nicht renovierten Altbauwohnung im Stadtzentrum. | Mit freundlichen Grüßen | Mich interessiert, ob der Vermieter trotzdem die Miete erhöhen darf. | Sehr geehrte Damen und Herren,

- Grund
- Wohnsituation
- Frage zur Mieterhöhung
- Termin

b An welches Amt sind die Briefe adressiert? Kreuzen Sie an.

Brief 1
a ☐ Ausländerbehörde
b ☐ Bürgeramt
c ☐ Agentur für Arbeit

Brief 2
a ☐ Schulamt
b ☐ Wohnungsamt
c ☐ Polizei

Schon probiert?

Machen Sie ein Laufdiktat: Hängen Sie die Briefe im Kursraum auf. Gehen Sie zu einem Brief und lesen Sie immer nur einen Satz. Gehen Sie zurück an Ihren Platz und schreiben Sie den Satz aus dem Gedächtnis. Vergleichen Sie am Ende, ob Sie alles richtig geschrieben haben.

c Markieren Sie in den beiden Briefen die Stellen, in denen es um einen Termin geht. Sammeln Sie weitere Formulierungen im Kurs.

d Wählen Sie eine der folgenden Situationen aus und schreiben Sie eine kurze E-Mail.

Fundbüro
- Grund: Handy am Samstag zwischen 16 und 17 Uhr in der U2 nach Ruhleben verloren
- nach Öffnungszeiten fragen

Kfz-Zulassungsstelle
- Grund: ein Auto (VW Golf, Baujahr 2008) anmelden
- Termin nur nachmittags möglich

VHS
- Grund: Interesse an einem Abendkurs
- Vormittags arbeiten Sie.

1 Geschäfte

a Wie heißen diese Geschäfte? Ordnen Sie zu.

1 die Metzgerei | 2 der Blumenladen | 3 die Bäckerei | 4 das Elektrogeschäft | 5 die Tankstelle | 6 der Kiosk | 7 die Drogerie | 8 das Möbelhaus | 9 der Supermarkt | 10 die Buchhandlung

a ☐ 

b ☐ 

c ☐ 

d ☐ 

e ☐ 

f ☐ 

g ☐ 

h ☐ 

i ☐ 

j ☐ 

b Wo kann man welche Produkte kaufen? Sammeln Sie in der Gruppe Ideen für ein Geschäft aus Aufgabe 1a und erstellen Sie eine Mindmap.

c Welche Produkte kaufen Sie wo ein? Sprechen Sie mit Ihrer Partnerin / Ihrem Partner.

Bio-Gemüse kaufe ich nur …

Mein Lieblingsladen für Bücher ist …

2 Einkauf

a Wie heißen die Nomen zu den Verben? Schreiben Sie die Nomen mit Artikel.

Verb	Nomen	Verb	Nomen
1 anbieten	*das Angebot*	6 probieren	
2 liefern		7 einkaufen	
3 abholen		8 finanzieren	
4 bezahlen		9 verkaufen	
5 bestellen		10 kaufen	

b Welche Wörter haben eine ähnliche Bedeutung? Ordnen Sie jedem Wort zwei Synonyme zu.

Beleg | gratis | umsonst | günstig | ~~Kassenzettel~~ | preiswert | Ware | Artikel

1 Quittung *Kassenzettel*
2 kostenlos
3 billig
4 Produkt

c Hören Sie den Dialog und kreuzen Sie an. 33

1 Die Kundin ruft an, weil sie ...
a ☐ Getränke bestellen möchte.
b ☐ eine falsche Lieferung bekommen hat.

2 Die Expresslieferung
a ☐ ist kostenlos.
b ☐ kostet pro Kiste 2,50 €.

3 Wann liefert der Getränkemarkt?
a ☐ in drei Tagen
b ☐ nächste Woche

4 Wie bezahlt die Kundin?
a ☐ per Rechnung
b ☐ bar

d Spielen Sie zu zweit einen Dialog.

Person A
Sie sind Verkäuferin/Verkäufer. Sie verkaufen Obst und Gemüse und bieten Ihren Kundinnen und Kunden einen Liefer-service an.

Person B
Sie sind Kundin/Kunde. Sie bestellen telefonisch Obst und Gemüse für die ganze Woche und möchten, dass es Ihnen nach Hause geliefert wird.

3 Lebensmittel einkaufen

a Markieren Sie die richtigen Mengenangaben. Oft passen mehrere.

1 **ein Kilo / ein Liter / 500 g** Kartoffeln
2 **eine Packung / ein Kilo / ein Liter** Zucker
3 **eine Flasche / ein Kilo / ein Liter** Wasser
4 **ein Glas / ein Becher / eine Flasche** Marmelade
5 **250 g / eine Tube / ein Liter** Käse
6 **eine Dose / eine Flasche / ein Kilo** Bier

Schon fertig?
Welche weiteren Mengenangaben kennen Sie? Sammeln Sie.

b Am Wochenende bekommen Sie Besuch zum Abendessen. Überlegen Sie sich, was Sie kochen möchten, und schreiben Sie einen Einkaufszettel mit den richtigen Mengenangaben.

1 Kilo ...

c Bringen Sie den folgenden Dialog in die richtige Reihenfolge.

- [1] a ▶ Guten Tag, Sie wünschen?
- [ ] b ▶ Das macht dann 7,80 €.
- [ ] c ▶ Natürlich. Möchten Sie ein Bund mitnehmen?
- [ ] d ▷ Ja, gerne.
- [ ] e ▷ Nein, danke, das war's.
- [ ] f ▶ Darf's noch etwas sein?
- [ ] g ▷ Haben Sie denn auch frisches Basilikum?
- [ ] h ▷ Ich hätte gern 2 Kilo Tomaten und 2 große Zwiebeln.
- [ ] i ▶ Noch etwas?

Schon probiert?
Variieren Sie den Dialog mit Ihren eigenen Lebensmitteln. Wechseln Sie die Rollen mit Ihrer Partnerin / Ihrem Partner.

d Was für eine Situation zeigen diese Bilder? Wer und was ist abgebildet? Beschreiben Sie.

A

B

4 Die Situation verstehen

So geht's

In dieser Aufgabe lesen Sie verschiedene Situationen und Anzeigen. Zu den Situationen müssen Sie die passenden Anzeigen finden. Lesen Sie dafür zuerst die Situationen genau und fragen Sie sich: Was wird gesucht? Was ist die Intention? Was ist die Kerninformation? Unterstreichen Sie dann die wichtigsten Wörter in den Situationen. Achten Sie auch auf die Details.

a Lesen Sie die Situationen 1–5. Was wird gesucht? Lesen Sie dann die Optionen a und b und streichen Sie jeweils das falsche Wort durch.

1 Sie möchten Ihren alten Computer verkaufen.

- a Sie möchten Ihren **alten / ~~neuen~~** Computer verkaufen.
- b Sie möchten einen Computer **verkaufen / kaufen.**

2 Sie bekommen ein Baby und suchen günstige Kleidung für Ihr Kind.

- a Sie suchen **Kleidung / Spielsachen** für Kinder.
- b Sie suchen **günstige / teure** Babykleidung.

3 Ihre Tochter zieht in ihre erste eigene Wohnung. Sie suchen billige Möbel für ihr Schlafzimmer.

- a Sie suchen Möbel fürs **Schlafzimmer / Wohnzimmer.**
- b Sie suchen **ein Bett / einen Wecker.**

4 Ihre Mutter lebt in einer anderen Stadt. Zum Muttertag möchten Sie ihr einen Blumenstrauß schicken.

- a Sie suchen **eine Topfpflanze / einen Blumenstrauß.**
- b Sie **bringen / schicken** den Blumenstrauß.

5 Sie haben Rückenprobleme, deshalb suchen Sie eine bequeme Matratze.

- a Sie brauchen **ein neues Bett / eine neue Matratze.**
- b Sie suchen **eine bequeme / eine günstige** Matratze.

b Welche Anzeige (A oder B) passt zu der Situation? Kreuzen Sie an.

So geht's

Gleichen Sie die Infos aus der Situation mit den Anzeigen ab. Lesen Sie dazu die Anzeigen ganz schnell und suchen Sie gezielt nach der wichtigen Info aus der Situation. Arbeiten Sie mit einer Stoppuhr.

1 Sie möchten Ihren alten Computer verkaufen.

A

Verschenke meinen alten Computer.
Marke: Tower X,
50 GHz, 16 GB RAM

B

Wir kaufen und reparieren alte PCs.

2 Sie bekommen ein Baby und suchen günstige Kleidung für Ihr Kind.

A

Kinderladen

Markenbekleidung

Exklusive Mode für die Kleinen.

B

Secondhand-Shop für Kindersachen

Bekleidung und Spielsachen

gute Qualität, günstiger Preis

3 Ihre Tochter zieht in ihre erste eigene Wohnung. Sie suchen billige Möbel für ihr Schlafzimmer.

A

Private Haushaltsauflösung
Supergünstige Möbel aller Art, guter Zustand

B

Möbelhaus QS
Moderne Küchen, hochwertige Schlafzimmermöbel.

4 Ihre Mutter lebt in einer anderen Stadt. Zum Muttertag möchten Sie ihr einen Blumenstrauß schicken.

A

Pflanzenhof Meyer

Ihr Spezialist für Zimmerpflanzen

B

Blumenladen Mona

Sträuße, Topfpflanzen und mehr

deutschlandweiter Lieferservice

5 Sie haben Rückenprobleme, deshalb suchen Sie eine bequeme Matratze.

A

Verkaufe mein fast neues Bett mit Matratze, Kopfkissen, Bettdecke.
Privatverkauf, ohne Garantie.

B

Matratzen Nova
Alle Arten von Matratzen – je nach Bedürfnis.
Wir beraten Sie gerne.
Sie dürfen bei uns probeliegen.

c Lesen Sie die fünf Anzeigen und beantworten Sie die Fragen. Manchmal passen mehrere Anzeigen.

1 In welcher Anzeige will jemand etwas verkaufen?

....

2 In welcher Anzeige will jemand etwas kaufen?

....

3 In welcher Anzeige will jemand etwas verschenken?

....

4 In welcher Anzeige bietet jemand etwas an?

....

5 In welcher Anzeige sucht jemand etwas?

....

Nicht vergessen!
Achten Sie in den Anzeigen auf die Verben: *suchen, kaufen, verkaufen, anbieten, verschenken, abgeben ...*

A

Suche Gartenmöbel:
4 Gartenstühle mit
einem runden Tisch.
Material: Rattan
Farbe: dunkelbraun
Tel. 089-72 49 15

B

Wegen Umzug ins Ausland günstig abzugeben:
Hochwertige, moderne Einbauküche mit
Markeneinbaugeräten.
Mobil: 0172-56 98 12, ab 18 Uhr

C

Wir sind neu!
Schuhgeschäft Blum
Damenschuhe in allen Größen
Ausgefallene Modelle, hochwertige
Verarbeitung zu Top-Preisen
Hansaallee 23, Frankfurt/M.
Öffnungszeiten: Mo–Sa 10–21 Uhr

D

Herrenrad mit 12 Gängen
zu verschenken!
Nur an Studenten
(gegen Vorlage eines
Studentenausweises)
Mail: su.ber@gmx.de

E

Verkaufe VW Golf weiß, Baujahr 1999,
TÜV bis Ende des Jahres. Probefahren
möglich.
Handy: 0151-85 37 49

5 Prüfungsaufgabe: Lesen Teil 2

Lesen Sie die Situationen 1–5 und die Anzeigen a–h. Finden Sie für jede Situation die passende Anzeige. Für eine Aufgabe gibt es keine Lösung. Markieren Sie in diesem Fall ein **X**.

1 ☐ Sie lernen Deutsch und suchen ein günstiges Deutschbuch.

2 ☐ Sie brauchen eine Waschmaschine. Sie soll maximal 100 Euro kosten und muss nicht neu sein.

3 ☐ Ihre Cousine möchte ein Geschäft für Kinderkleidung eröffnen. Sie sucht einen Laden zur Miete.

4 ☐ Sie sind zu einer Hochzeit eingeladen und brauchen etwas Elegantes zum Anziehen.

5 ☐ Ihre achtjährige Nichte wünscht sich ein Kinderbett. Es soll neu und rosa sein.

a

Heute bestellt, morgen geliefert!
Sie möchten sich für den schönsten Tag im Leben Ihrer Verwandten oder Freunde von Ihrer allerbesten Seite zeigen? Entdecken Sie festliche Kleidung für Damen und Herren im Online-Shop von Gianni. Top-Marken, große Auswahl. Kauf auf Rechnung möglich. Schnelle Lieferung. 30 Tage Rückgaberecht. Jetzt: Gratis-Versand für Neukunden.

b

Nur für kurze Zeit:
Ausgewählte Produkte bis 40 % reduziert: Kühlschrank der Marke KMK nur 96,99 Euro, Waschmaschine „Ökomat“ 276,90 Euro, Fernseher „König“ (Flat, 139 cm, Smart TV) nur 317,48 Euro. Diese und weitere Schnäppchen nur bei uns im Markt. Kommen Sie vorbei. Elektromarkt Merkur, Querstraße 96.

c

Neueröffnung!
In unserem Kinderfachgeschäft „MiniMax“ finden Sie auf fast 100 Quadratmetern schicke Baby- und Kinderkleidung, Kuscheltiere, Spielsachen sowie Bücher und hübsche Bilder für das Kinderzimmer. Zur Neueröffnung gibt es viele tolle Angebote und Aktionen für unsere Kunden – bis zum 1. Februar. Sie finden uns in der Friedrichstraße 29 (Ecke Danziger Straße). Parkmöglichkeiten im Hof.

d

Neu und gebraucht
In der Zeppelinstraße gibt es jetzt einen besonderen Buchladen – mit Kaffee, Kuchen und natürlich ganz vielen Büchern. Bei uns finden Sie Romane, Bilderbücher für die Kleinsten, Lehr- und Schulbücher für Kinder und Erwachsene (u. a. Sprachen, Mathematik, Geschichte, Biologie). Außerdem: Grußkarten, Notizbücher, Kalender und kleine Geschenkartikel. Schauen Sie doch mal vorbei. Wir freuen uns auf Sie!

e

Hochzeitskleid
Der schönste Tag meines Lebens ist vorbei. Mein wunderschönes Brautkleid möchte ich jetzt verkaufen. Es ist weiß mit Spitze, bodenlang, Größe 38, Preis 300 Euro (Neupreis war 1000 Euro). Bei Interesse sende ich gerne Fotos. Einen kurzen Schleier, Haarschmuck und Schuhe kann ich auch anbieten. Melde dich unter Tel. 0151 67918978.

f

Ab sofort:
Laden (54 m²) im Erdgeschoss eines Wohn- und Geschäftshauses zu vermieten. Der Laden hat einen Verkaufsraum mit Schaufenster, einen kleinen Lagerraum und ein WC. Zentrale Lage, in unmittelbarer Nähe der S-Bahn-Haltestelle „Jakobstraße“. Monatsmiete 350 € + Nebenkosten. Kaution 1050 €. Weitere Informationen unter Tel. 92243439 oder www.immo-bienert.net

g

Von privat
Wir ziehen um und verkaufen günstig einige Möbel und Haushaltsgeräte: großes Sofa (rosa, fast neu) 200 €, Spülmaschine 110 €, Herd 60 €, Waschmaschine 90 €, Kinderbett (weiß lackiert, 3 Jahre alt) 40 €, Kleiderschrank 60 €, Gartentisch mit vier Stühlen 120 €. Alles in sehr gutem Zustand. Abholung in Bremen Neustadt (im 1. OG). Rufen Sie uns bei Interesse an: 0412-531749.

h

Gebrauchte Bücher
Suche gebrauchte Bücher für die Uni. Ich studiere Literatur und suche folgende Bücher zu einem günstigen Preis: Johann Wolfgang von Goethe „Die Leiden des jungen Werthers“, Leo Tolstoi „Anna Karenina“, William Shakespeare „Hamlet“ und Homer „Odyssee“. Wer kann mir eines dieser Bücher verkaufen? Handynummer 0170 7982315 (Olli).

6 Eine Reklamation schreiben

a Warum schreiben Sie? Formulieren Sie für folgende Situationen den ersten Satz der Mail, den Grund des Schreibens. Vergleichen Sie dann im Kurs.

1 Frau Gattinger hat im Getränkemarkt Pars zwei Kisten Wasser mit Kohlensäure und zwei Kisten Wasser ohne Kohlensäure bestellt, Marke Aquarina. Die Lieferung hat sie per Rechnung bezahlt. Es fehlt eine Kiste Wasser ohne Kohlensäure. Frau Gattinger schreibt eine Mail an Herrn Kiani vom Getränkemarkt Pars, weil sie die fehlende Kiste schnellstmöglich braucht.

Leider fehlt in Ihrer Lieferung 1 Kiste Wasser ohne Kohlensäure.

2 Frau Wiesner hat ihrer Mutter zum Muttertag einen Blumenstrauß nach Berlin geschickt. Die Blumen sollten sonntags als Expresslieferung ankommen. Leider hat die Mutter die Blumen aber erst am Dienstag erhalten. Außerdem war der Strauß stark beschädigt. Frau Wiesner möchte nun ihr Geld zurück. Sie schreibt an Frau Fischer, die Inhaberin des Blumenladens.

3 Herr Sanchez hat vor zwei Monaten einen Staubsauger gekauft. Jetzt ist der Staubsauger kaputtgegangen. Herr Sanchez hat ein Jahr Garantie auf den Staubsauger. Er schreibt an das Elektrogeschäft Simmel, weil er das Gerät gern umtauschen möchte.

So geht's

Um den Grund für ein Schreiben anzugeben, muss man die Frage „Warum?" beantworten. Lesen Sie die Angaben zu den Situationen genau. Überlegen Sie sich, warum die Person schreibt und welche Situation dazu geführt hat, dass sie schreibt.

b Ordnen Sie die Sätze in die Tabelle ein. Schreiben Sie dann die E-Mail in Ihr Heft.

1 Mit freundlichen Grüßen | 2 Ich habe zwei Kisten Wasser mit Kohlensäure und zwei Kisten Wasser ohne Kohlensäure bestellt. | 3 Sehr geehrter Herr Kiani | 4 Helga Gattinger | 5 Bitte liefern Sie schnellstmöglich die Kiste Wasser. | 6 Die Lieferung habe ich bereits per Rechnung bezahlt. | 7 leider fehlt in Ihrer Lieferung eine Kiste Wasser ohne Kohlensäure.

Anrede	Grund	Situation	Anliegen	Gruß
3				

c Schreiben Sie zu den Situationen 2 und 3 aus Aufgabe 6a Reklamationen wie in Aufgabe 6b. Besprechen Sie Ihre Ergebnisse im Kurs.

Schon fertig?
Überlegen Sie sich andere Situationen, in denen etwas reklamiert wird, zum Beispiel: Die falsche Matratze wurde geliefert, die neuen Gartenmöbel sind schon nach einer Woche kaputt o. Ä. Notieren Sie Stichworte zur jeweiligen Situation. Ihre Partnerin / Ihr Partner schreibt die Reklamation.

1 Bei der Bank

a Was passt? Ordnen Sie zu.

1 

2 

3 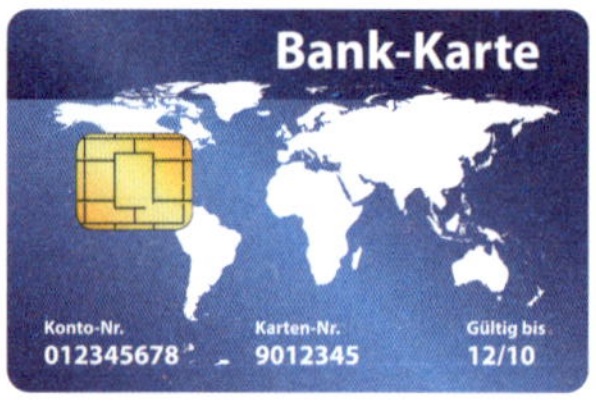

4 

5 

a [2] Geldautomat b [ ] Geheimzahl c [ ] ec-Karte d [ ] Münzen e [ ] Bargeld

b Was passt? Ordnen Sie zu. Es gibt mehrere Möglichkeiten.

einzahlen | überziehen | abheben | versenden | beantragen | abzahlen | empfangen | überweisen | eröffnen | ausführen

1 Geld ....

2 Konto ....

3 Überweisung ....

4 Kredit ....

c Wie kann man es noch nennen? Finden Sie die 5 passenden Wörter in der Wortschlange.

schaltervisakarteüberweisunghartgeldgirokartefilialekundenberaterbankautomatempfängergeldschein

1 Geldautomat ....

2 ec-Karte ....

3 Kreditkarte ....

4 Münzen ....

5 Banknote ....

Schon fertig?

Welche anderen Wörter finden Sie in der Wortschlange? Was bedeuten sie? Schreiben Sie.

....

....

....

2 Bankgeschäfte

a Bilden Sie Wörter und ordnen Sie sie den Definitionen zu.

kar | ~~Bar~~ | te | Ge | wei | Kre | zahl | Kre | dit | Kon | mat |
sung | heim | to | dit | Geld | to | Ü | ~~geld~~ | au | ber

1 Münzen und Geldscheine für die Bezahlung: *Bargeld*
2 Eine persönliche Nummer, die nur einer oder wenigen Personen bekannt ist und z. B. das Online-Banking sicherer macht: ……………
3 Ein Gegenstand, mit dem man in Geschäften oder im Internet bargeldlos bezahlen kann: ……………
4 Das hat man bei einer Bank. Dorthin wird z. B. das Gehalt überwiesen und die Miete wird davon abgebucht: ……………
5 Geld, das man von der Bank leiht und mit Zinsen zurückzahlt: ……………
6 Technisches Gerät, an dem man Geld abheben und manchmal auch einzahlen kann: ……………
7 Möglichkeit, Geld über ein Girokonto an einen Empfänger zu übermitteln: ……………

b Lesen Sie den Text und ergänzen Sie das fehlende Wort.

Ihre Bank informiert Sie

……………

Ob Online-Shopping oder Handwerkerleistungen: Im Alltag müssen wir regelmäßig Rechnungen begleichen. Nicht immer kann man dabei bar bezahlen. Mit einer …………… können Sie Geldbeträge schnell und sicher von Ihrem Konto auf das Konto des Empfängers übertragen.

Wie funktioniert das? Hier finden Sie alle notwendigen Informationen.

c Wählen Sie die passende Überschrift für den Text aus.

1 ☐ Online-Shopping für unsere Kunden
2 ☐ Rechnungen bar begleichen
3 ☐ So funktioniert eine Überweisung

Schon probiert?

Lesen Sie den Text in Aufgabe 2b laut vor. Sie können sich selbst mit Ihrem Smartphone aufnehmen. Achten Sie dabei auf die Satzmelodie: Wenn ein Punkt kommt, geht die Stimme runter.

d Lesen Sie die Infobroschüre weiter und ergänzen Sie sie.

~~Geldsumme~~ | Online-Überweisung | Kunde | Bankautomaten | Überweisungsauftrag | per

Die Überweisung

Mit einer Überweisung wird eine bestimmte *Geldsumme* von einem Konto auf ein anderes überwiesen. Sie können Ihrer Bank den ……2…… über mehrere Wege erteilen: zum Beispiel ……3…… Überweisungsformular in Papierform oder als ……4…… . Außerdem stehen Ihnen als ……5…… der Bank in unserer Filiale ……6…… zur Verfügung, an denen Sie Ihre Überweisung vor Ort selbst eingeben können. Dazu brauchen Sie lediglich Ihre ec-Karte.

Schon fertig?

Erklären Sie folgende Begriffe. Finden Sie andere Bezeichnungen oder Synonyme.

1 die Rechnung begleichen: *bezahlen*
2 Geld übertragen: ……
3 der Betrag: ……

e Sammeln Sie in einer Mindmap so viel Wortschatz wie möglich zum Thema „Bank“.

In der Bank

Was gibt es?
Bargeld
……
……

Was macht man?
abheben
……
……

Verbinden Sie.
Bargeld abheben
……
……

f Stellen Sie Ihrer Partnerin / Ihrem Partner Fragen mit den Wörtern aus der Mindmap. Sie / er antwortet. Beantworten Sie dann die Fragen Ihrer Partnerin / Ihres Partners.

Hebst du oft Geld bei der Bank ab?

Nein, ich zahle meistens mit der Karte.

3 Versicherungen

a Wie heißen die Versicherungen? Schreiben Sie die Wörter richtig.

1 f K z - *Kfz-Versicherung*
2 K n a r k n e ……
3 P f g e l e ……
4 f U n l a l -versicherung ……
5 a f t H l i p f c h t ……
6 t e R n e n ……
7 a u H s t r a ……

b Welche Versicherungen haben Sie? Welche Versicherungen gibt es in Ihrem Heimatland? Sprechen Sie mit Ihrer Partnerin / Ihrem Partner.

Ich bin gegen … versichert.

Ich muss noch eine … abschließen.

Bei uns gibt es …

c Was passt? Ordnen Sie zu. Es gibt mehrere Möglichkeiten.

wechseln | vorzeigen | senken | erhalten | verlieren | abschließen | berechnen | kündigen | schreiben | erhöhen

1 Versicherung ……
2 Versichertenkarte ……
3 Kündigung ……
4 Beitrag ……

d Fertigen Sie zum Thema „Versicherung" eine Mindmap wie in Aufgabe 2e an.

Was gibt es?
Krankenversicherung
……
……

Versicherung

Was macht man?
abschließen
……
……

Verbinden Sie.
……
……

4 Nicht jedes Wort ist wichtig.

a Was möchte Frau Holm? Streichen Sie alle Wörter durch, die man nicht unbedingt braucht, um die Hauptaussage des Textes zu verstehen.

So geht's

Sie sollen im ersten Teil dieser Prüfungsaufgabe den Lesetext nur sinngemäß verstehen. Dazu müssen Sie nicht jedes Wort kennen, sondern nur die wichtigsten Informationen entnehmen. Ignorieren Sie alle Wörter, die dafür nicht wichtig sind, und auch die, die Sie vielleicht noch nicht kennen oder vergessen haben.

Frankfurt, 10.02.20XX

Kündigung ~~meiner~~ Krankenversicherung, Versicherungs-Nr.: 29 873 496

Sehr geehrte Damen und Herren,

hiermit kündige ich meine Mitgliedschaft in der Kranken- und Pflegeversicherung zum nächstmöglichen Zeitpunkt.

Bitte bestätigen Sie mir schriftlich den Eingang meiner Kündigung.

Mit freundlichen Grüßen

Sabine Holm

Schon probiert?

Viele Wörter in Lesetexten sind für die Hauptaussage nicht wichtig. Schwärzen Sie in einem Text solche Wörter und geben Sie ihn Ihrer Partnerin / Ihrem Partner. Versteht sie / er den Text?

b Lesen Sie den Text und unterstreichen Sie die Schlüsselwörter.

Bei einem Kfz-Versicherungswechsel zum Jahresende beträgt die Kündigungsfrist 1 Monat. Der Stichtag ist der 30. November. Damit der Wechsel funktioniert, muss die Versicherung Ihre Kündigung bis zu diesem Datum erhalten haben. Spätere Kündigungen können nicht akzeptiert werden. Soll die Kfz-Versicherung während des Jahres gekündigt werden, gilt die vertraglich vereinbarte Kündigungsfrist.

c Beantworten Sie die Fragen zum Text. Begründen Sie dann Ihre Antworten im Kurs.

So geht's

Die zweite Aufgabe bezieht sich immer auf eine detaillierte Aussage, die Sie im jeweiligen Text finden. Hier müssen Sie den Text an der entsprechenden Stelle genau lesen und aus den verschiedenen Antwortmöglichkeiten die richtige herausfinden. Manchmal macht ein einziges kleines Wort einen großen Unterschied aus.

1 Welche Kündigungsfrist gilt beim Kfz-Versicherungswechsel? ....

	✓	✗
2 Wenn man am 30. Dezember kündigt, kann man die Versicherung noch zum Jahresende wechseln.	☐	☐
3 Die Kündigungsfrist von einem Monat gilt immer.	☐	☐
4 Wird nicht zum Jahresende gekündigt, dann gilt die Frist, die im Vertrag steht.	☐	☐

d Lesen Sie die folgenden Auszüge aus Texten. Welche Aussage hat eine ähnliche Bedeutung? Kreuzen Sie an.

1 Es handelt sich nicht um einen Abzug des Betrags von Ihrem Konto.
- a ☐ Der Betrag wird nicht vom Konto abgezogen.
- b ☐ Der Betrag wird vom Konto abgezogen.

2 Die Versichertenkarte ist beim ersten Arztbesuch im Quartal vorzuzeigen.
- a ☐ Die Versichertenkarte muss jedes Mal vorgezeigt werden.
- b ☐ Die Versichertenkarte muss nur bei bestimmten Besuchen vorgezeigt werden.

3 Ein geringerer Beitrag ist ab Juni möglich, sobald Sie den Antrag eingereicht haben.
- a ☐ Der Beitrag wird ab Juni automatisch geringer.
- b ☐ Der Beitrag kann nur gesenkt werden, wenn ein Antrag gestellt wird.

5 Prüfungsaufgabe: Lesen Teil 3

Lesen Sie die drei Texte. Zu jedem Text gibt es zwei Aufgaben. Entscheiden Sie bei jedem Text, ob die Aussage richtig oder falsch ist und welche Antwort (a, b oder c) am besten passt. Kreuzen Sie an.

Für jeden Fall die richtige Versicherung
Einmal nicht aufgepasst und schon ist es passiert! Wie wichtig es sein kann, die richtige Versicherung zu haben, zeigt ein Beispiel aus Kirchheim: Bei einer romantischen Hochzeitsfeier im eigenen Garten kam ein Gast mit einer Kerze der Braut zu nah. Plötzlich fing das Hochzeitskleid Feuer. Der Ehemann reagierte schnell und warf seine Frau in den Pool. Zum Glück ist der jungen Frau nichts passiert, aber das teure Kleid war natürlich ruiniert. Der Schaden: 1100 Euro. Die private Haftpflichtversicherung des Gastes wollte zuerst nicht zahlen, übernahm die Kosten dann aber doch vollständig. Trotzdem: So hatte sich das Paar seinen Hochzeitstag sicher nicht vorgestellt.

	✓	✗
1 Die Hochzeitsfeier fand draußen statt.	☐	☐

2 Die Versicherung hat
- a ☐ den Schaden komplett bezahlt.
- b ☐ die Kosten nicht übernommen.
- c ☐ weniger als 1100 Euro bezahlt.

Liebe Kundinnen und Kunden,

wir möchten Sie darüber informieren, dass kriminelle Personen zurzeit versuchen, die Bankdaten unserer Kunden zu stehlen. Die Methode ist immer gleich: Jemand ruft an und sagt, er sei von der Polizei. Der falsche Polizist fragt Sie dann nach Ihrer Kontonummer oder Passwörtern für das Online-Banking. Wenn Sie einen solchen Anruf erhalten, sollten Sie diese Fragen auf keinen Fall beantworten und das Gespräch sofort beenden. Schützen Sie Ihre Daten und rufen Sie auch keine unbekannte Nummer zurück. Falls Sie bereits Kontodaten weitergegeben haben, kontaktieren Sie uns bitte so schnell wie möglich, damit wir Ihr Konto sperren und einen Schaden verhindern können.

Mit freundlichen Grüßen

Dr. Michael Feldhaus
Direktor – GLV Bank

	✓	✗
3 Herr Dr. Feldhaus informiert die Bankkunden über eine mögliche Gefahr.	☐	☐

4 Wenn jemand am Telefon nach der Kontonummer fragt, soll man
- a ☐ eine bestimmte Nummer wählen.
- b ☐ keine Auskunft geben.
- c ☐ sofort zur Polizeidirektion gehen.

Herzlich willkommen bei SPEKTRUM – Ihrer Kfz-Versicherung

14.01.20xx

Sehr geehrter Herr Schmeling,

vielen Dank, dass Sie sich entschieden haben, Ihr Fahrzeug bei uns zu versichern.

Den Versicherungsbeitrag buchen wir alle sechs Monate von Ihrem Konto ab. Die Rechnung über Ihren ersten Beitrag erhalten Sie in den nächsten Tagen per E-Mail.

Bitte beachten Sie: Bei der Zusammenarbeit mit Banken und Sparkassen müssen wir uns an bestimmte Termine halten. Deshalb kann es sein, dass der erste Beitrag erst Anfang Februar abgebucht wird. Aber machen Sie sich keine Sorgen, Ihr Versicherungsschutz besteht trotzdem ab sofort. Bitte leisten Sie keine Zahlungen von sich aus – wir kümmern uns darum.

Bei Fragen rufen Sie uns einfach an – wir sind gerne für Sie da (Tel. 0800 555 44 300).

Gute Fahrt und freundliche Grüße

Elif Bekdemir
SPEKTRUM Kfz-Versicherung

	✓	✗
5 Frau Bekdemir erklärt, wie man bei der Versicherung Geld sparen kann.	☐	☐

6 Herr Schmeling
- a ☐ hat noch keinen Versicherungsschutz.
- b ☐ soll bis Anfang Februar Geld überweisen.
- c ☐ wird noch eine Rechnung bekommen.

6 Ein Konto eröffnen

a Lesen Sie die folgende Aufgabenstellung und unterstreichen Sie Schlüsselwörter.

> René Winterfeldt, fest angestellter Krankenpfleger bei Vivantis in Köln, möchte ab 1. August ein Konto bei der Spar-Bank eröffnen. Er schreibt an Frau Harris in der Kundenbetreuung. Schreiben Sie mindestens einen Satz zu beiden Stichpunkten.
>
> • Grund
>
> • Angaben zur Person

b Wie kann man es anders sagen? Formulieren Sie die Schlüsselwörter um.

1 fest angestellt = hat einen festen Arbeitsvertrag, ist angestellt, arbeitet bei ...

c Herr Winterfeldt eröffnet ein Konto. Schreiben Sie zu den beiden Punkten aus Aufgabe 6a eine E-Mail.

Sehr geehrte Frau Harris,

...

> **So geht's**
>
> Viele Angaben aus der Situationsbeschreibung können Sie direkt in Ihrem Text nutzen. Verwenden Sie dabei Ihre eigenen Worte.

d Was muss Herr Winterfeldt von Frau Harris wissen? Sammeln Sie Ideen und notieren Sie Stichpunkte.

Er möchte wissen, wann er kommen kann.

Genau, er fragt nach einem Termin.

e Schreiben Sie die E-Mail mithilfe Ihrer Notizen zu Ende. Achten Sie auch auf die Anrede und den Gruß.

Schon fertig?
Sie möchten ein Konto für sich selbst eröffnen. Überlegen Sie zuerst, was Sie alles von der Bank wissen möchten. Notieren Sie sich Stichworte. Schreiben Sie dann eine E-Mail an Frau Harris.

> **Schon probiert?**
> Lesen Sie noch einmal Ihre E-Mail. Haben Sie Formulierungen wie auf der Schreibseite in Lektion 4 verwendet? Falls nicht, überarbeiten Sie Ihre E-Mail noch einmal. Überprüfen Sie sie anschließend mit Ihrer Partnerin / Ihrem Partner.

1 Körperteile

a Welche Körperteile kennen Sie? Sammeln Sie im Kurs.

b Wie heißen die Körperteile? Bilden Sie Wörter und schreiben Sie sie mit dem passenden Artikel.

~~Na~~ | Ge | ~~se~~ | Schul | Zäh | ter | ren | ger | sicht | Fin | ne | Oh

1 Damit kann man atmen und riechen: *die Nase*
2 Darin sitzen Nase, Mund und Augen: ....
3 Sie verbindet den Arm mit dem Rücken: ....
4 Davon gibt es an jeder Hand fünf: ....
5 Sie sind weiß und im Mund: ....
6 Damit kann man hören: ....

c Welche weiteren Körperteile finden Sie in der Wortschlange? Schreiben Sie.

brustkniebauchbeinellenbogenstirnhalshüfte

1 .... 5 ....
2 .... 6 ....
3 .... 7 ....
4 .... 8 ....

Schon fertig?
Schreiben Sie die richtigen Artikel und Pluralformen zu den Wörtern.

d Zu zweit: Schreiben Sie alle Körperteile auf kleine Karten. Legen Sie die Karten verdeckt auf den Tisch und ziehen Sie eine. Zeichnen Sie das Körperteil, Ihre Partnerin / Ihr Partner rät. Danach zieht Ihre Partnerin / Ihr Partner.

2 Alles tut weh!

a Hören Sie den Dialog. Welche Beschwerden hat Mohammad? Kreuzen Sie alle an. 34

1 ☐ Er hat Fieber.
2 ☐ Sein Hals tut weh.
3 ☐ Seine Nase läuft.
4 ☐ Er hat Husten.
5 ☐ Er hat Schnupfen.
6 ☐ Er hat Kopfschmerzen.
7 ☐ Er hat Durchfall.
8 ☐ Er ist müde und hat keine Kraft.
9 ☐ Er friert.
10 ☐ Er hat Gliederschmerzen.

b Geben Sie Ihrer Partnerin / Ihrem Partner Tipps, was man machen sollte, wenn man erkältet ist.

Man sollte viel trinken.

3 Gesundheitsvorsorge

a Welche Wörter fallen Ihnen zu den Kategorien ein? Ordnen Sie sie in die Tabelle ein.

Berufe im Gesundheitswesen	Im Krankenhaus	Beim Arzt	Medikamente
Krankenpfleger	*Besuchszeiten*	*Rezept*	*Salbe*

b Lesen Sie die E-Mail und kreuzen Sie an.

Von: rita@anselmann.de
An: praxis@dr-wengler.de
Betreff: Terminanfrage

Guten Tag,

ich bin neu in der Stadt und suche einen Hausarzt. Nehmen Sie noch neue Patienten auf?

Ich möchte gerne einen Termin zur Vorsorge vereinbaren. Normalerweise lasse ich einmal im Jahr meine Blutwerte kontrollieren. Können Sie mir auch gleich noch einen Termin zur Blutabnahme geben? Am besten kann ich immer vormittags.

Vielen Dank und mit freundlichen Grüßen

Rita Anselmann

	✓	✗
1 Frau Anselmann ist schon lange Patientin in der Praxis.	☐	☐
2 Die Patientin ist krank.	☐	☐
3 Sie hat vormittags Zeit für einen Termin.	☐	☐

c Was tun Sie für Ihre Gesundheit? Sprechen Sie im Kurs.

Ich achte auf ...

Ich gehe regelmäßig ...

Ich mache viel ...

d Wie kann man diese Medikamente anwenden? Schreiben Sie Sätze.

morgens | zweimal täglich | 15 Tropfen | vor dem Essen | mit ausreichend Flüssigkeit | in einem Glas Wasser | einnehmen | anwenden | auflösen

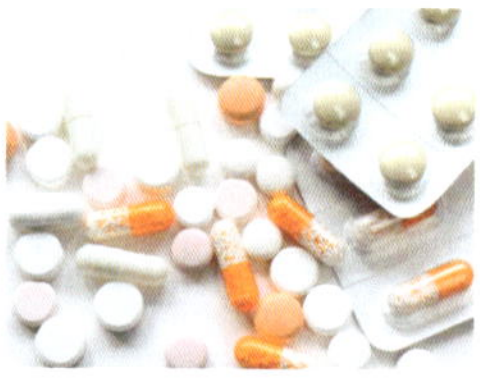

1 *Nehmen Sie zweimal täglich ...*

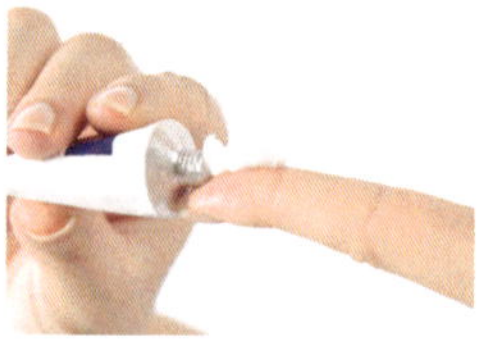

2

3

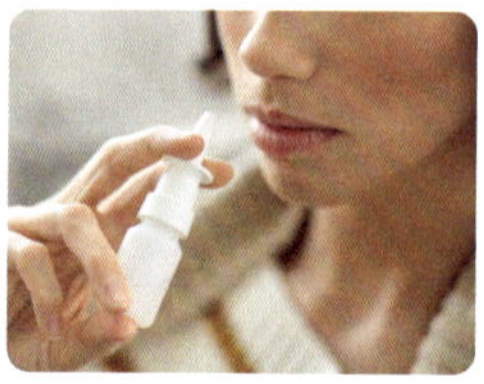

4

e Spielen Sie mit Ihrer Partnerin / Ihrem Partner einen Dialog beim Arzt.

Person A: Patientin / Patient
Sie fühlen sich schon seit einigen Tagen krank. Beschreiben Sie Ihre Beschwerden und erzählen Sie, was Sie schon dagegen getan haben.

Person B: Ärztin / Arzt
Stellen Sie Rückfragen zu der Gesundheit von Person A und geben Sie Tipps, wie sie wieder gesund werden kann.

4 Umgang mit schwierigen Wörtern

So geht's

In diesem Prüfungsteil erhalten Sie einen längeren Text, der sprachlich und inhaltlich komplex ist. Im Text sind viele schwierige Wörter. Lassen Sie sich davon nicht abschrecken! Oft können Sie auch in langen, komplizierten Wörtern bekannte Wortteile erkennen und dadurch die Bedeutung verstehen.

a Welche Wörter stecken in den zusammengesetzten Nomen? Teilen Sie die zusammengesetzten Nomen auf. Kennen Sie die Bedeutung der einzelnen Teile?

0 Zahlungsart → Zahlung|s|art → die Zahlung + die Art

1 Arzneimittel	7 Mitgliedsbeitrag ....
2 Nebenwirkung	8 Laufzeit ....
3 Zahlungsfrist	9 Vertragsinhalt ....
4 Versandkosten	10 Aufbewahrungsart ....
5 Vertragsabschluss	11 Einzugsermächtigung ....
6 Rückgaberecht	12 Garantiebedingung ....

b Kennen Sie weitere zusammengesetzte Nomen? Sammeln Sie im Kurs.

5 Textsorten erkennen

a Schauen Sie sich die vier Texte auf der nächsten Seite insgesamt maximal 1 Minute lang an. Entscheiden Sie dann, welches Bild zu Text 1 und 2, welches zu Text 3 und 4 passt. Schreiben Sie die Buchstaben in die Kästchen.

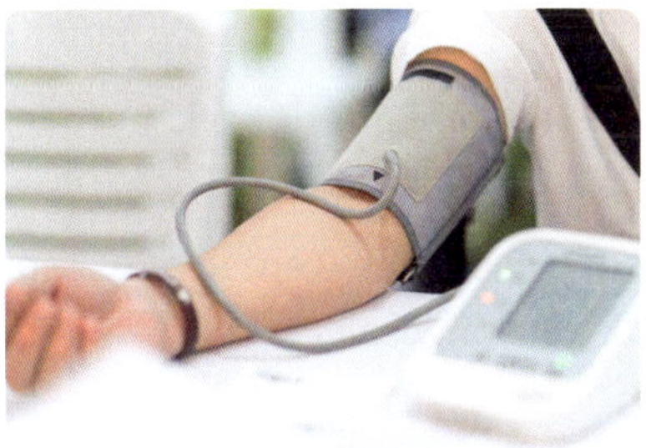

A

B

Text 1 und 2 ☐
Text 3 und 4 ☐

b Überfliegen Sie die Texte. Was sind das für Texte? Kreuzen Sie an.

Nicht vergessen!

Sie müssen nicht alle Wörter verstehen, wenn Sie einen Text lesen. Suchen Sie nur die Informationen, die für Sie jetzt relevant sind!

1
Auf der Trainingsfläche
Aus hygienischen Gründen möchten wir Sie bitten, im *Fitnessclub aktiv* auf allen Geräten Ihr Handtuch als Unterlage zu verwenden. Bitte trainieren Sie zu Ihrer eigenen Sicherheit nur mit festen, geschlossenen, sauberen Sportschuhen. Räumen Sie benutzte Gewichte, Hanteln und anderes Equipment nach dem Training wieder zurück.

Im Kursbetrieb
Bitte kommen Sie pünktlich zum Kurs. Wenn die Aufwärmphase eines Kurses begonnen hat, bitten wir von der Teilnahme abzusehen, um den Kurs nicht zu unterbrechen.

1 a ☐ Vertrag
b ☐ Hausordnung

2
Einzugsermächtigung und Fälligkeit
Das Mitglied erteilt *Fitnessclub aktiv* widerruflich eine Einzugsermächtigung, um alle vertraglich geschuldeten Beträge von dem angegebenen Konto abzubuchen. Der Einzug erfolgt am 1. des jeweiligen Monats.

Laufzeit
Die Laufzeit endet 12 Monate nach dem ersten Buchungstag und verlängert sich automatisch um weitere 12 Monate, wenn der Vertrag nicht von einer der Parteien mit einer Frist von 8 Wochen zum Vertragsende gekündigt wird.

2 a ☐ Gebrauchsanweisung
b ☐ Allgemeine Geschäftsbedingungen (AGB)

3
Die SK stellt dem Versicherten als Leistung der Krankenversicherung folgende Hilfsmittel leihweise zur Verfügung.

Bezeichnung: Blutdruckmessgerät

Modell: RTG 459

Hilfsmittelnummer: 21.45.65.4

Farbe: weiß

Der Versicherte erklärt hiermit, dass das Hilfsmittel in neuem/gebrauchsfähigem Zustand übernommen wurde. Es verbleibt bei ihm, so lange dies medizinisch notwendig ist.

Der Versicherte verpflichtet sich, das Hilfsmittel ordnungsmäßig und schonend zu behandeln.

3 a ☐ Leihvertrag
b ☐ Hausordnung

4
Produktbeschreibung
Dieses Blutdruckmessgerät entspricht der internationalen Norm ISO 81060-1.

Das Blutdruckmessgerät ist ein kompaktes und benutzerfreundliches Gerät. Es misst Ihren Blutdruck und Puls einfach und schnell.

Messung vorbereiten
Öffnen Sie den Deckel des Batteriefachs.

Legen Sie vier Batterien vom Typ 1,5 V AA ein.

Schließen Sie den Batteriedeckel wieder sorgfältig.

Nach dem Einschalten werden alle Display-Elemente kurz angezeigt.

4 a ☐ Bedienungsanleitung
b ☐ Vertrag

c Woran haben Sie erkannt, um was für Texte es sich handelt? Sprechen Sie im Kurs.

Schon probiert?

Bringen Sie Texte, die auf den ersten Blick kompliziert aussehen, mit in den Kurs. Schauen Sie gemeinsam, ob Sie erkennen können, worum es geht. Formulieren Sie Fragen zu den wichtigsten Stellen im Kurs, Ihre Partnerin/Ihr Partner beantwortet sie. Vielleicht können Sie auch ein paar schwierige Wörter entschlüsseln.

6 Zwischenüberschriften nutzen

So geht's

In der Prüfung sollen Sie einen längeren Text lesen und entscheiden, ob die Aussagen in der Aufgabe richtig oder falsch sind. Die Struktur des Textes hilft Ihnen, die relevanten Stellen zu finden.

a Lesen Sie den Beipackzettel. Welche Überschrift passt zu welchem Textteil? Ordnen Sie zu.

Was müssen Sie vor der Anwendung von Dolocollum Halstabletten beachten? | Wie sind Dolocollum Halstabletten aufzubewahren? | Was sind Dolocollum Halstabletten und wofür werden sie verwendet? | Wie sind Dolocollum Halstabletten anzuwenden?

Dolocollum Halstabletten

1 ……………………………

Dolocollum Halstabletten sind Lutschtabletten zur unterstützenden Behandlung bei Entzündungen der Rachenschleimhaut sowie bei Halsschmerzen, die mit Rötung und Schwellung einhergehen.

2 ……………………………

Dolocollum Halstabletten dürfen nicht angewendet werden bei Patienten mit Bronchialasthma oder wenn Sie an einer Fructose-Unverträglichkeit leiden. Die Lutschtabletten dürfen nicht für Säuglinge und Kinder unter 2 Jahren verwendet werden. In der Schwangerschaft und Stillzeit ist eine Einnahme nur nach Rücksprache mit dem Arzt oder Apotheker zu erwägen.

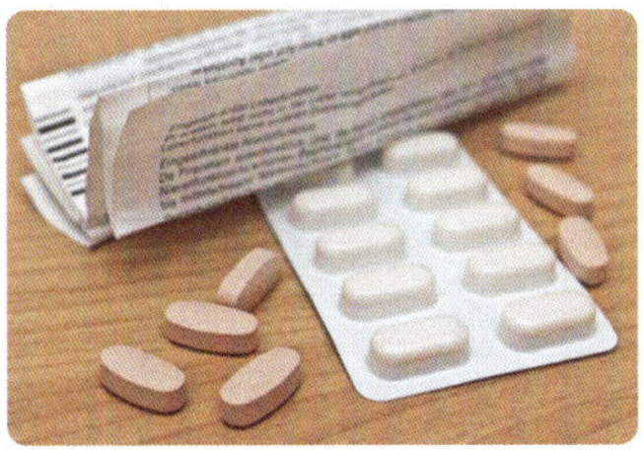

3 ……………………………

Erwachsene und Kinder ab 6 Jahren lassen alle 2–3 Stunden eine Lutschtablette langsam im Mund zergehen. Sie sollten nicht mehr als 6 Tabletten pro Tag einnehmen. Die Halstabletten sollten ohne ärztlichen Rat nicht länger als 3–4 Tage eingenommen werden.

4 ……………………………

Das Arzneimittel darf nach dem Ablauf des Verfalldatums nicht mehr verwendet werden. Nicht über 39 °C lagern.

b Lesen Sie die Aussagen und überlegen Sie zunächst nur, in welchem Abschnitt des Texts aus Aufgabe 6a die Informationen zu finden sind. Orientieren Sie sich an den Überschriften. Tragen Sie ein.

		Abschnitt	✓	✗
1	Dolocollum ist auch gegen Durchfall.	……	☐	☐
2	Dreijährige Kinder dürfen das Arzneimittel nicht einnehmen.	……	☐	☐
3	Man muss die Tabletten in Wasser auflösen.	……	☐	☐
4	Das Medikament hat ein Verfallsdatum.	……	☐	☐

c Lesen Sie jetzt die relevanten Textstellen im Text genau durch und kreuzen Sie in Aufgabe 6b an.

7 Prüfungsaufgabe: Lesen Teil 4

Lesen Sie den Text. Entscheiden Sie, ob die Aussagen 1–3 richtig oder falsch sind. Kreuzen Sie an.

„Natura“ Erkältungstee

– Pflanzliches Mittel gegen Erkältungskrankheiten –

Liebe Patientin, lieber Patient! Lesen Sie sich diese Packungsbeilage bitte sorgfältig durch, denn sie enthält wichtige Informationen. Wenden Sie sich bei Fragen an Ihren Arzt oder Apotheker.

Inhaltsstoffe
Weidenrinde, Holunderblüten, Lindenblüten, Kamillenblüten

Dosierung und Anwendung
Der Erkältungstee ist aufgrund einer möglichen allergenen Wirkung nicht für Babys und Kleinkinder geeignet. Erwachsene trinken bei akuten Erkältungssymptomen drei- bis viermal täglich eine Tasse Tee zwischen oder nach den Mahlzeiten.

Zubereitung
Übergießen Sie einen Teebeutel mit kochendem Wasser und lassen Sie den Beutel 8 bis 10 Minuten darin ziehen. Durch die Zugabe von Honig kann die Wirkung des Erkältungstees unterstützt werden.

Warnhinweis
Zur Anwendung während Schwangerschaft und Stillzeit liegen noch keine ausreichenden wissenschaftlichen Untersuchungen vor. Deshalb fragen Sie bitte Ihren Arzt oder Apotheker um Rat.

Dauer der Anwendung
Die Dauer der Anwendung ist prinzipiell nicht beschränkt. Wenn Sie sich nach 7 Tagen nicht besser fühlen, sollten Sie Ihren Arzt aufsuchen.

Nebenwirkungen
Wie alle Arzneimittel kann auch dieses Mittel Nebenwirkungen haben, die aber nicht bei jedem auftreten. In seltenen Fällen kann es zu allergischen Reaktionen, Übelkeit oder Bauchschmerzen kommen. Wenn Sie Nebenwirkungen bemerken, wenden Sie sich an Ihren Arzt oder Apotheker. Dies gilt auch für Nebenwirkungen, die nicht in dieser Packungsbeilage beschrieben sind.

Aufbewahrung und Haltbarkeit
Der Tee sollte bei Raumtemperatur (nicht über 25 °C) an einem trockenen und dunklen Ort gelagert werden. Bewahren Sie Arzneimittel immer außerhalb der Reichweite von Kindern auf. Das Verfallsdatum finden Sie oben auf der Packung. Verwenden Sie den Tee nicht mehr nach diesem Datum.

		✓	✗
1	Der Tee soll nicht zum Essen getrunken werden.	☐	☐
2	Der Tee muss mit Honig getrunken werden.	☐	☐
3	Der Tee darf nicht länger als 7 Tage getrunken werden.	☐	☐

8 Fragen höflich formulieren II

a Lesen Sie und streichen Sie jeweils das falsche Verb durch. Vergleichen Sie dann mit der E-Mail in Aufgabe 3b.

Guten Tag,

ich **bin / komme** neu in der Stadt und **suche / finde** einen Hausarzt. **Haben / Nehmen** Sie noch neue Patienten auf?

Ich **möchte / brauche** gerne einen Termin zur Vorsorge vereinbaren. Normalerweise **lasse / mache** ich einmal im Jahr meine Blutwerte kontrollieren. Können Sie mir auch gleich noch einen Termin zur Blutabnahme **geben / stellen**? Am besten **kann / habe** ich immer vormittags.

Vielen Dank und mit freundlichen Grüßen

Rita Anselmann

Nicht vergessen!
Probieren Sie es wieder mit einem Partner- oder Laufdiktat. Regelmäßiges und vor allem wiederholtes Schreiben ist wichtig für die Übung von Rechtschreibung und Zeichensetzung.

b Anmeldung im Fitnesscenter. Schreiben Sie zu jedem Punkt mögliche Fragen an das Fitnesscenter.

Helmut Kaiser möchte sich im *Fitnesscenter active* anmelden. Er ist 56 Jahre alt und möchte nicht nur an den Geräten trainieren, sondern auch einen Kurs für Rückengymnastik besuchen. Sein Arzt hat ihm regelmäßigen Sport empfohlen.

- Kündigungsfrist *Wie ist die Kündigungsfrist?*
- Rückengymnastik ……
- Handtücher ……
- Termine ……

c Ergänzen Sie die Redemittel und variieren Sie Ihre Fragen aus Aufgabe 8b.

interessiert | würde | können | mitteilen

1 …… Sie mir ……, …?
2 Ich …… gern wissen, …
3 Außerdem …… mich, …

d Schreiben Sie nun an das *Fitnesscenter active.*

Sehr geehrte Damen und Herren,

e Melden Sie sich zu einem oder mehreren Angeboten der Gesundheitsvorsorge an. Notieren Sie sich vorher, was Sie fragen möchten.

Yogakurs an der VHS • Babyschwimmen im Geburtenzentrum • Krebsvorsorge im Diagnostikzentrum • Frauengymnastik bei der Frauensportgruppe *Fit durch Fun* • Atemtherapie im Schmerzzentrum • Vorsorgeuntersuchung bei Ihrem Hausarzt

1 Im Unterricht

a Was ist das? Ordnen Sie die Wörter den Bildern zu.

Pause | Unterricht | Anwesenheitsliste | Abbildung | Zertifikat | Regel | Höraufgabe | Kursraum

1 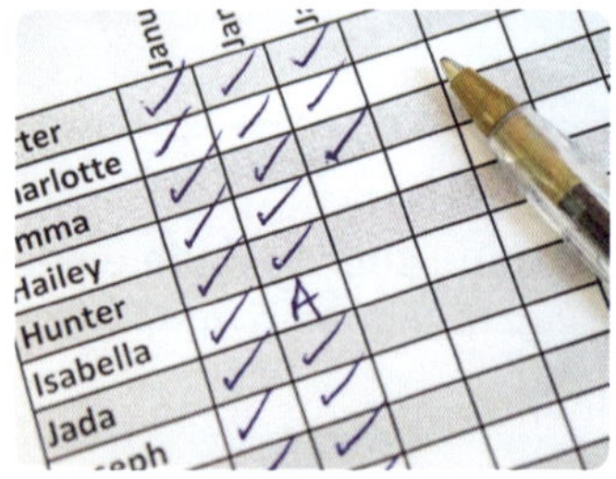

2 

3 

Pause

4 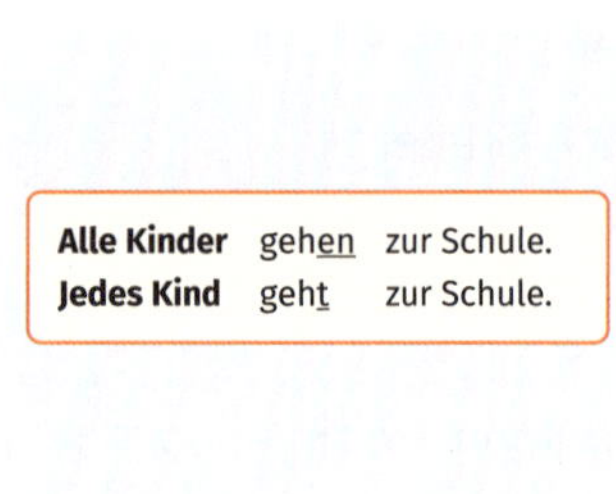

5 

6 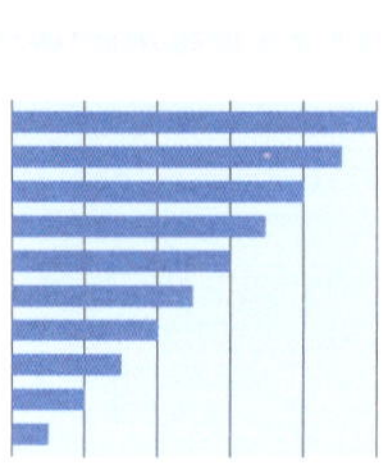

7 

8 

b Was passt? Ordnen Sie zu.

unterschreiben | teilnehmen | lösen | verlassen | beschreiben | machen | erhalten | verstehen

1 eine Pause ....
2 am Unterricht ....
3 die Anwesenheitsliste ....
4 eine Abbildung ....
5 den Kursraum ....
6 ein Zertifikat ....
7 eine Regel ....
8 eine Höraufgabe ....

Schon fertig?
Was kann man noch sagen? Finden Sie weitere Verben zu den Nomen in Aufgabe 1b.

eine Pause beginnen, beenden ...

c Erklären Sie die Begriffe aus Aufgabe 1a, ohne sie zu verwenden. Ihre Partnerin/Ihr Partner rät.

Also, wir haben schon viel gelernt und sind jetzt müde. Darum machen wir 20 Minuten lang nichts.

Meinst du „Pause"?

d Welche Bücher kennen Sie? Bilden Sie Wörter mit *-buch*.

Kursbuch, ...

2 Was macht man im Unterricht?

a Was machen Sie im Unterricht? Ordnen Sie die Verben in die Tabelle ein.

~~beantworten~~ | ergänzen | übersetzen | ~~abschreiben~~ | beenden | vergleichen | ansehen | erklären | ankreuzen | nachschlagen | wiederholen | vorlesen | aufschreiben | vorschlagen | begründen | zuhören | beschreiben | zusammenfassen | unterstreichen | auswählen

trennbar	nicht trennbar
abschreiben	*beantworten*

b Geben Sie Anweisungen. Sprechen Sie mit Ihrer Partnerin/Ihrem Partner.

Schreiben Sie bitte diesen Lesetext ab.

Beantworte doch bitte diese Frage.

Schon probiert?

Fertigen Sie Wortkarten mit den Verben an. Sie können weitere Verben verwenden, die hier im Buch in den Aufgabenstellungen vorkommen. Spielen Sie in Gruppen: Ziehen Sie eine Karte und formulieren Sie mit dem Wort auf der Karte eine Aufforderung oder eine Frage. Oder versuchen Sie das Wort pantomimisch darzustellen.

c Was passt nicht? Streichen Sie das falsche Wort durch.

1 eine Prüfung **ablegen / erhalten / absolvieren / bestehen**
2 einen Sprachkurs **beginnen / beenden / mieten / besuchen**
3 eine Aufgabe **erzählen / lösen / erledigen / erklären**
4 eine Frage **stellen / sagen / beantworten / aufschreiben**
5 eine Lösung **antworten / finden / präsentieren / nachschlagen**
6 eine Sprache **sprechen / lernen / verstehen / teilnehmen**

d Wer kann mit Ihnen zusammen lernen oder üben? Bilden Sie 7 Wörter.

Be | beits | te | kann | Nach | gen | part | ~~Freun~~ | le | Fa | Kurs |
kol | mer | mi | ~~de~~ | lie | ner | teil | barn | Ehe | Ar | neh

Freunde, ……………………………………………………………………

……………………………………………………………………

3 Gemeinsam lernen

a Mit wem kann man zusammen lernen? Was braucht man dazu? Erstellen Sie eine Mindmap.

b Welches Wort fehlt? Lesen Sie den Text und kreuzen Sie an.

Carlo interessiert sich sehr ……1…… Carola. Er lernt ……2…… ihr zusammen im gleichen Kurs. Er spricht oft ……3…… ihr ……4…… alles Mögliche. Wenn sie sich nicht treffen, dann telefoniert Carlo oft stundenlang ……5…… ihr. Carlo träumt ……6…… einem gemeinsamen Ausflug mit Carola. Er möchte so viele schöne Dinge mit Carola unternehmen. Aber Carlo ärgert sich auch oft ……7…… Carola. Sie merkt gar nicht, wie sehr Carlo ……8…… sie verliebt ist. Immer möchte sie im Kurs ……9…… André zusammenarbeiten. Vielleicht sollte Carlo sie endlich zu einem Ausflug einladen? Was meinen Sie?

1 a ☐ an
b ☒ für
c ☐ mit

2 a ☐ auf
b ☐ bei
c ☐ mit

3 a ☐ an
b ☐ mit
c ☐ von

4 a ☐ gegen
b ☐ über
c ☐ zu

5 a ☐ bei
b ☐ mit
c ☐ zu

6 a ☐ bei
b ☐ mit
c ☐ von

7 a ☐ mit
b ☐ über
c ☐ von

8 a ☐ in
b ☐ mit
c ☐ von

9 a ☐ bei
b ☐ mit
c ☐ von

c Und Sie? Sprechen Sie mit Ihrer Partnerin / Ihrem Partner.

Ich träume von einer schönen Wohnung mit Balkon.

Worüber freust du dich?

4 Die richtige Kommunikation?

So geht's

In diesem Prüfungsteil erhalten Sie einen halbformellen Brief mit Lücken, die Sie mit einer passenden Option ergänzen. Zeigen Sie hier, dass Sie die Konventionen der alltäglichen schriftlichen Kommunikation kennen. Außerdem hilft es, wenn Sie die Zusammenhänge innerhalb der Sätze erkennen. Lesen Sie also immer bis zum Satzende, und verlassen Sie sich bei der Lösung der Aufgabe ruhig auf Ihr Bauchgefühl. Probieren Sie dazu alle Antwortmöglichkeiten in Ihrem Kopf aus: Hört sich eine vielleicht besonders gut an?

a Ordnen Sie die Anrede- und Grußformeln in die Tabelle ein.

tschüss|hallowiegehtesdirsehrgeehrtedamenundherrenmachsgutvielegrüßebisbaldliebenachbarnmitfreundlichengrüßen

(halb)formell (Sie)	*informell (du)*
	tschüss

b Was passt? Lesen Sie und kreuzen Sie an.

Milan, ……1…… im Deutschkurs neben mir sitzt, redet pausenlos. Anstatt die Übungen im Arbeitsbuch zu lösen, erzählt er ……2…… Kursleiterin von seinem Wochenende. ……3…… alle davon genervt sind, mögen sie Milan. Er ist nicht nur sehr nett, ……4…… auch sehr lustig. Nur wenn er etwas schreiben ……5……, ist er ganz unsicher. Ich glaube, ……6…… er zwar sehr gut Deutsch spricht, aber nicht so gut lesen und schreiben kann. Vielleicht frage ich ……7…… morgen, ob wir zusammen lernen, weil ich zwar gut schreiben kann, aber nicht so gern Deutsch spreche.

1 a ☐ der
  b ☐ wo
  c ☐ was

2 a ☐ ihrer
  b ☐ unserer
  c ☐ deiner

3 a ☐ Weil
  b ☐ Darum
  c ☐ Obwohl

4 a ☐ darum
  b ☐ sondern
  c ☐ und

5 a ☐ kann
  b ☐ soll
  c ☐ würde

6 a ☐ ob
  b ☐ wenn
  c ☐ dass

7 a ☐ mich
  b ☐ Sie
  c ☐ ihn

5 Prüfungsaufgabe: Lesen Teil 5

Lesen Sie den Text und schließen Sie die Lücken 1–6. Welche Lösung (a, b oder c) passt am besten? Kreuzen Sie an.

Sehr ......0...... Herr Salgado,

Sie hatten sich für den Kurs „Deutsche Grammatik, leicht gemacht" angemeldet. ......1...... müssen wir Ihnen mitteilen, ...2...... die Mindestteilnehmerzahl von zwölf Personen nicht erreicht wurde. Um den Kurs nicht absagen zu ......3......, möchten wir Ihnen anbieten, ihn als Kleingruppenkurs mit sechs Personen durchzuführen. Die Kursgebühr beträgt in diesem Fall 34 statt 26 Euro, also 8 Euro ......4...... . Veranstaltungsort und -zeit ändern sich nicht.

Bitte geben Sie uns bis zum 12.06. Bescheid, ob ......5...... den Kurs als Kleingruppenkurs buchen möchten. Wenn nicht, werden wir Ihnen Ihre ......6...... gezahlte Kursgebühr von 26 Euro selbstverständlich zurückerstatten.

Mit freundlichen Grüßen

Heidi Klingenberg

Beispiel

0 a ☐ freundlicher
b ☒ geehrter
c ☐ lieber

1 a ☐ Außerdem
b ☐ Leider
c ☐ Vielleicht

2 a ☐ dass
b ☐ falls
c ☐ weil

3 a ☐ dürfen
b ☐ können
c ☐ müssen

4 a ☐ am meisten
b ☐ mehr
c ☐ viel

5 a ☐ sie
b ☐ Sie
c ☐ wir

6 a ☐ bald
b ☐ bereits
c ☐ später

6 Die richtige Person anschreiben

a Wer schreibt an wen und warum? Lesen Sie und beantworten Sie die Fragen in Stichpunkten.

1 Herr Melih Özgur, 47 Jahre alt, verheiratet, zwei Kinder (8 Monate und 4 Jahre alt), möchte sich für einen Integrationskurs in der Sprachschule *Deutsch lernen* anmelden. Er schreibt an die Sekretärin Frau Yılmaz eine E-Mail, weil er wissen möchte, wann der Kurs stattfindet.

Wer schreibt: .... An wen: ....

Warum: ....

2 Alejandra Fernández ist Teilnehmerin im Integrationskurs A2.2 bei Kursleiterin Anna Schuhmacher. Alejandra musste zum Arzt und ist nun eine Woche krankgeschrieben. Sie schreibt an eine andere Teilnehmerin, Jasmin Darbandi, damit Jasmin ihr die Hausaufgaben schickt.

Wer schreibt: .... An wen: ....

Warum: ....

3 Alaa Boussaid schreibt an seine Kursleiterin Ingrid Stein, weil er krank ist und deswegen keine Informationen zur Prüfung erhalten hat. Er bittet Ingrid Stein in seiner E-Mail um Informationen zur Prüfung.

Wer schreibt: .... An wen: ....

Warum: ....

b Was passt zu den Situationen in Aufgabe 6a? Ergänzen Sie die Tabelle.

	1	2	3
Anrede		Liebe Jasmin	
Gruß			
du/Sie			

c Schreiben Sie die Nachrichten für Melih, Alejandra und Alaa. Geben Sie zuerst den Grund des Schreibens an. Achten Sie auf die Anrede und den Gruß.

Schon probiert?

Schreiben Sie zum Üben Ihre Ideen zuerst in Stichworten auf einen Zettel. Experimentieren Sie mit verschiedenen Varianten eines Satzes. Achten Sie auch auf den Gebrauch von Formulierungen wie *Mich interessiert, ...* oder *Ich würde gern wissen, ...* Probieren Sie aus, mit welchen Sie sich sicher fühlen. Schreiben Sie erst danach die E-Mail „ins Reine".

1 Aus Kindern werden Erwachsene

a Wo werden die Kinder betreut? Suchen Sie 7 Begriffe und schreiben Sie.

E	K	I	N	D	E	R	K	R	I	P	P	E	P	R
U	M	A	G	Y	M	N	A	S	I	U	M	T	U	M
Q	U	G	R	U	N	D	S	C	H	U	L	E	R	T
H	A	L	K	K	I	T	A	M	E	H	O	R	T	I
A	R	G	B	T	A	G	E	S	M	U	T	T	E	R
F	E	T	K	I	N	D	E	R	G	A	R	T	E	N

Kita, ...

....

b Was passt? Ordnen Sie die Personen zu. Es passen mehrere.

~~Babys~~ | Kinder | Schüler | Jugendliche | Praktikanten | Studenten | Azubis | Erzieher | Lehrer | Ausbilder | Professoren

1 Tagesmutter *Babys,* ....
2 Kita ....
3 Grundschule ....
4 Gymnasium ....
5 Praktikum ....
6 Universität ....
7 Ausbildung ....

c Was macht man wo? Diskutieren Sie im Kurs und ordnen Sie die Begriffe aus Aufgabe 1b zu.

lernen *3, 4,* ....
spielen ....
diskutieren ....
lesen ....
schlafen ....
schreiben ....

rechnen ....
singen ....
essen ....
arbeiten ....
krabbeln ....
studieren ....

das Abitur ablegen ....
Sport machen ....
einen Vortrag halten ....

Schon fertig?
Finden Sie weitere passende Tätigkeiten.

d Bilden Sie Sätze mit den Informationen *Wer?*, *Wo?* und *Was?*. Fügen Sie dann, wenn möglich, weitere Informationen wie *Wann?*, *Mit wem?* oder *Warum?* hinzu.

Wer?	*Studenten*
Wo?	*an der Universität*
Was?	*diskutieren*

Studenten diskutieren an der Universität.

Studenten diskutieren an der Universität mit dem Professor.

Studenten diskutieren jeden Montag an der Universität mit dem Professor.

2 Meine Kinder sind in der Schule.

a Was ist das? Bilden Sie Wörter und ordnen Sie sie den Definitionen zu.

Zeug | ben | ga | Klas | den | Haus | plan | sen | auf | beit | Stun | No | ar | nis | ten

1 Das bekommen die Schüler am Ende eines jeden Halbjahres: ……………
2 Das sollen die Schüler zu Hause machen, um den Unterrichtsstoff zu wiederholen: ……………
3 Das wird in den meisten Fächern regelmäßig geschrieben. Die Schüler zeigen damit, was sie gelernt haben: ……………
4 Das hat jeder Schüler, damit er weiß, wann welches Unterrichtsfach stattfindet: ……………
5 Das erhalten die Schüler für ihre Leistungen in der Schule: ……………

b Was passt nicht? Streichen Sie das falsche Wort durch.

1 sein Kind zur Schule **holen / fahren / bringen**
2 im Hort **bleiben / betreut werden / gehen**
3 eine Klassenarbeit **korrigieren / schreiben / zumachen**
4 ein Zeugnis **erhalten / unterschreiben / angeben**
5 Hausaufgaben **aufgeben / rechnen / machen**
6 einen Stundenplan **verbringen / abschreiben / lesen**
7 das Abitur **ablegen / erhalten / abstimmen**
8 ein Praktikum **holen / absolvieren / machen**

c Welche Unterrichtsfächer gibt es? Schreiben Sie richtig.

	Montag	Dienstag	Mittwoch	Donnerstag	Freitag
7:45–8:30		schEling			logiBoie
8:30–9:15	Pyshki		eutschD	eGischtech	
PAUSE					
9:30–10:15		eMmathikat			
10:15–11:00	siMuk		toSpr	stunK	

d Wie ist das in Ihrem Heimatland? Welche Schulfächer gibt es und welches war Ihr Lieblingsfach? Schreiben Sie eine E-Mail an Ihre Kursleiterin / Ihren Kursleiter.

Liebe Frau Krüger,
ich bin immer gerne zur Schule gegangen.
Mein Lieblingsfach war …

3 Schulalltag

a Was passt zusammen? Verbinden Sie die Sätze und schreiben Sie sie in Ihr Heft.

1 Montags und dienstags holt mein Mann keine Noten bekommen.	a noch
2 Ich bringe jeden Morgen meinen Sohn	b an der Universität.
3 Nach der Schule möchte meine Tochter	c jeden Tag Hausaufgaben auf.
4 Die Lehrerin gibt den Schülern	d die Kinder aus dem Hort ab.
5 Mein Sohn hat in der ersten Klasse	e eine Ausbildung beginnen.
6 Meine Tochter studiert seit letztem Jahr	f mit dem Fahrrad zur Kita.

b Ergänzen Sie die Sätze sinnvoll. Es gibt mehrere Möglichkeiten.

weil | da | ob | darum

1 Unsere Tochter darf keine Nüsse essen, ... sie allergisch auf Nüsse ist.
2 Mein Sohn bleibt nach der Schule im Hort, ... meine Frau und ich ganztags arbeiten.
3 .... mein Sohn sehr gute Noten in der Grundschule hatte, kann er nun das Gymnasium besuchen.
4 Wir würden gern wissen, ... wir das Zeugnis unterschreiben müssen.
5 Ich suche dringend eine Tagesmutter für meine Tochter, ... ich im September einen Deutschkurs beginne.
6 Unser Sohn wird in den Ferien ein Praktikum in der Autowerkstatt machen, ... er Automechaniker werden möchte.
7 Am Freitag müssen Sie Ihr Kind schon um 15 Uhr aus der Kita abholen, ... wir eine Betriebsversammlung haben.
8 Meine Tochter hat sehr schlechte Noten in Englisch, ... werden wir zu Hause mehr mit ihr üben.
9 Wir wollen fragen, ... wir einen Termin für ein Elterngespräch bekommen können.
10 Mein Sohn kann zurzeit nicht am Sportunterricht teilnehmen, ... er eine Verletzung am Knie hat.
11 Meine Tochter geht dreimal in der Woche zum Volleyballtraining, ... hat sie wenig Zeit für die Hausaufgaben.
12 Können Sie mir mitteilen, ... es im Sommer eine Ferienbetreuung gibt?

c Warum (nicht)? Finden Sie Gründe und beenden Sie die Sätze.

1 Ich kann nicht zur Elternversammlung kommen, *weil ich arbeiten muss.*

2 Wir brauchen dringend einen Hortplatz, ……

3 Ich möchte meinen Sohn vom Fußballtraining abmelden, ……

4 Meine Tochter kann morgen nicht zur Schule kommen, …… .

5 Wir können leider nicht zum Schulfest kommen, …… .

6 Unsere Tochter hat heute keine Hausaufgaben gemacht, …… .

d Ordnen Sie die Fragen. Manchmal gibt es mehrere Möglichkeiten.

1 der | findet | Gitarrenunterricht | statt | wann | ?
2 meiner | wie | Zeugnis | Tochter | das | wird | ?
3 Sie | Hausaufgaben | mir | die | können | schicken | ?
4 nächste | einen | für | können | Termin | ein | bekommen | wir | Woche | Elterngespräch | ?
5 es | auch | zum | Schule | vegetarische | der | gibt | Gerichte | Mittagessen | in | ?

Schon probiert?

Schreiben Sie die Satzteile eines Satzes auf verschiedene Karten. Bilden Sie eine Gruppe aus so vielen Personen, wie es Satzteile gibt. Die Personen stellen sich in einer Reihe auf, jeder erhält eine Karte. Probieren Sie verschiedene Varianten der Satzbildung aus, indem Sie Ihre Plätze tauschen.

e Schreiben Sie die Fragen aus Aufgabe 3d um, sodass sie höflicher klingen. Nutzen Sie die Satzanfänge.

- Ich würde gerne wissen, ob ...
- Können Sie mir mitteilen, ob ...
- Ist es möglich, dass ...

1 ……
2 ……
3 ……
4 ……
5 ……

f Sammeln Sie wichtige Ausdrücke zum Thema „Kinderbetreuung“.

mein Kind zur Schule bringen, einen Kita-Platz beantragen, ……

4 Kommunikation mit der Schule

a Einladungen und Entschuldigungen. Lesen Sie und ergänzen Sie die Ausdrücke in der richtigen Form.

entschuldigen | einladen | Elternabend | freuen | krank | Mit freundlichen Grüßen | Liebe | gelten | hiermit | Klassenfahrt | beginnen | Sportunterricht

1

Sehr geehrte Frau Koch,

hiermit ......1...... ich meinen Sohn Daniel. Er ist ......2...... und kann diese Woche nicht zur Schule kommen.

......3......
Monika Schmidt

2

Liebe Eltern,

am Samstag, den 20. Mai, findet unser diesjähriges Schulfest statt. Wir ......4...... alle Eltern und Großeltern ganz herzlich dazu ......4...... . Das Fest ......5...... um 14.00 Uhr. Wenn Sie einen Kuchen mitbringen möchten, tragen Sie sich bitte in die Liste am Ende dieser E-Mail ein. Für Getränke sorgt der Förderverein. Wir ......6...... uns auf Sie.

Die Lehrerinnen und Lehrer der Diesterweg-Grundschule

3

......7...... Frau Heldt,

Erkan kann diese Woche nicht am ......8...... teilnehmen. Er hat vom Arzt ein Attest erhalten. Die Sportbefreiung ......9...... bis nächste Woche.

Viele Grüße
Mustafa Arslan

4

Liebe Eltern der Klasse 4c,

......10...... lade ich Sie zu unserem ......11...... am Montag, den 7. April, um 19.30 Uhr ein. Es geht um die bevorstehende ......12...... .

Freundliche Grüße
Anita Breitscheidt

b Was ist eine Einladung und was eine Entschuldigung? Ordnen Sie die Texte aus Aufgabe 4a zu.

Einladung .... Entschuldigung *1,* ....

c Welche Anreden und Grußformeln finden Sie in den E-Mails? Markieren Sie und sammeln Sie weitere im Kurs.

Schon fertig?
Überlegen Sie sich lustige Entschuldigungen und Ausreden, nach dem Motto: „Mein Hund hat die Hausaufgaben gefressen."

d Wie ist ein Brief aufgebaut? Ordnen Sie die Textteile zu.

Wir bitten Sie um einen Termin für ein Elterngespräch. | Susanne und Lutz Schade | Wir fragen uns, ob Lena die Hausaufgaben vergisst oder ob sie wirklich keine aufhat. | Sehr geehrter Herr Zielke | Mit freundlichen Grüßen | ~~unsere Tochter Lena hat nie Hausaufgaben auf.~~

e

1 Anrede: ……
2 Grund des Schreibens: *unsere Tochter Lena hat nie Hausaufgaben auf.*
……
……
3 Bitte / Anliegen an den Empfänger: ……
4 Gruß: ……
5 Wer schreibt / Absender: ……

Und Sie? Bitten Sie um einen Termin. Benutzen Sie folgende Angaben und schreiben Sie.

- Lehrerin: Frau Sawatzki
- Eltern: Songül und Mehmet Bilge
- Tochter: Reyhan
- Grund: schlechte Noten in Mathematik
- Bitte / Anliegen: Extraaufgaben

Schon fertig?
Zerschneiden Sie Ihren Brief. Ihre Partnerin / Ihr Partner setzt ihn wieder zusammen.

f Lesen Sie und schreiben Sie an die Schule. Stellen Sie sich vor, Sie hätten Sie ein Kind in der dritten Klasse und müssten in den Ferien arbeiten. Melden Sie Ihr Kind für die Ferienbetreuung an. Machen Sie sich vor dem Schreiben Notizen zu den Punkten.

Liebe Eltern,
wir bieten in den Sommerferien durchgehend **Ferienbetreuung** an.
Bitte melden Sie ihr Kind per Mail bis zum 3.6. im Sekretariat bei Frau Schneider an. Wir benötigen folgende Angaben:

- Name des Kindes
- Klasse
- Wie lange?
- Mittagessen: ja / nein
- Schwimmerlaubnis: ja / nein

Grundschule am Asternweg
21303 Hamburg

An: sekretariat@grundschuleamasternweg.de
Betreff: Anmeldung Ferienbetreuung

Sehr geehrte Frau Schneider,
wir benötigen für unsere Tochter …

5 Perspektivwechsel

a Wer schreibt an wen und warum? Kreuzen Sie an und ergänzen Sie.

Liebe Eltern,

*Ihr Kind hat Probleme in der Schule?
Die Noten im Deutschunterricht sind unbefriedigend?
Und auch in Mathe läuft es nicht gut?*

Wir sind ein professionelles Nachhilfe-Institut und bieten für die Klassenstufen 6 bis 12 Nachhilfe bei erfahrenen Nachhilfelehrerinnen und Nachhilfelehrern an. Informationen erhalten Sie unter www.nachhilfestudio.de oder per Mail an info@nachhilfestudio.de

*Maria Celeste
Leiterin* ***Nachhilfestudio***

1 Wer schreibt?
- a ☐ Nachhilfelehrer
- b ☐ Leiterin Nachhilfestudio
- c ☐ Eltern

2 An wen ist die Information gerichtet?
- a ☐ an Eltern
- b ☐ an Schüler der 6. bis 12. Klasse
- c ☐ an Nachhilfelehrer

3 Worum geht es? ……………………………………

……………………………………………………

So geht's

Im Prüfungsteil Schreiben sollen Sie zeigen, dass Sie sich auch in schriftlicher Form mitteilen können. Lesen Sie die Aufgabe genau durch und versetzen Sie sich in die Situation hinein. Überlegen Sie, wer die Person ist, die schreibt, und an wen sie schreibt. Stellen Sie sich die Personen möglichst bildlich vor. Sie sollen hier ihre Rolle übernehmen.

b Lesen Sie die Antwort von Anna Gorbunowa auf den Aushang. Wo finden Sie die folgenden Angaben im Text? Ordnen Sie zu.

Grund für ihr Schreiben | Nachhilfe mittwochs | Preis | Ferienangebote

Sehr geehrte Frau Celeste,

meine Tochter ist in der 7. Klasse und hat Probleme im Englischunterricht.

Ist es möglich, dass Sie mittwochs bei Ihnen Nachhilfe erhält? Sie hat nur am Mittwoch Zeit, da sie montags und donnerstags zum Volleyballtraining geht und am Freitag auf ihre kleine Schwester aufpassen muss.

Können Sie mir sagen, was der Nachhilfeunterricht bei Ihnen kostet? Außerdem interessiert mich, ob Sie auch in den Schulferien Nachhilfeunterricht anbieten.

Mit freundlichen Grüßen

Anna Gorbunowa

c Was kann man schreiben? Ordnen Sie jedem Punkt zwei Sätze zu.

Wie teuer ist die Nachhilfe? | Haben Sie mittwochs noch freie Termine? | Haben Sie auch Ferienangebote? | Meine Tochter hat sehr schlechte Noten in Deutsch und braucht dringend Nachhilfe. | Mich interessiert auch, was die Nachhilfe pro Stunde kostet. | Außerdem würde ich gerne wissen, ob Sie auch Ferienangebote haben. | Mein Sohn hat Probleme in der Schule. | Es wäre schön, wenn mein Sohn am Mittwoch zur Nachhilfe kommen kann, da er am Dienstag und Donnerstag immer zum Fußballtraining geht.

1 Grund für Ihr Schreiben: ....

2 Nachhilfe mittwochs: ....

3 Preis: ....

4 Ferienangebote: ....

So geht's

Die Schreibaufgabe in der Prüfung beinhaltet immer vier Stichpunkte, die Sie bearbeiten sollen. Schreiben Sie zu jedem Punkt etwas, um die Aufgabe inhaltlich voll zu erfüllen. Schreiben Sie so viel und so verständlich wie möglich, um zu zeigen, wie gut Sie auf Deutsch schreiben können.

d Schreiben Sie mithilfe der Sätze aus Aufgabe 5c eine eigene E-Mail an das Nachhilfestudio. Kombinieren und verbinden Sie die Sätze sinnvoll, sodass ein zusammenhängender, logischer Text entsteht.

Schon fertig?
Schreiben Sie die Antwort des Nachhilfestudios an Frau Gorbunowa.

e Versetzen Sie sich in folgende Situationen hinein. An wen könnten Sie in dieser Situation schreiben? Benennen Sie jeweils den Empfänger Ihres Schreibens und formulieren Sie den ersten Satz einer E-Mail.

- Sie benötigen einen Kita-Platz.
- Ihr Kind soll keinen Zucker essen.
- Sie suchen ab sofort eine Tagesmutter für eine Halbtagsbetreuung.
- Sie möchten Ihr Kind für den Hort anmelden.
- Ihr Kind darf nicht am Sportunterricht teilnehmen.
- Sie möchten einen Termin für ein Elterngespräch.
- Ihr Sohn kann nächste Woche nicht zum Fußballtraining kommen.

Schon fertig?
Schreiben Sie Ihre Sätze auf verschiedene Zettel. Tauschen Sie die Zettel. Ihre Partnerin / Ihr Partner schreibt jeweils auf die Rückseite, zu welcher Situation der Satz passt. Vergleichen Sie dann.

6 Beispieltexte

a Lesen Sie die folgende Aufgabenstellung. Machen Sie sich Notizen, was Sie zu den einzelnen Punkten schreiben könnten.

> Die Beethovenschule veranstaltet ein internationales Schulfest. Es gibt ein Programm mit Spielen und anderen Angeboten. Sie helfen bei der Organisation und schreiben die Einladung an die Eltern.
>
> Schreiben Sie etwas zu den folgenden Punkten:
>
> - Grund des Schreibens
> - Zeit und Ort
> - Programm
> - Essen und Trinken

b Lesen Sie nun zwei Texte von Prüfungsteilnehmenden. Wo schreiben sie über die vier Punkte aus der Aufgabenstellung? Notieren Sie neben den Texten.

Schreibleistung 1

Beethovenschule
Heidelberger Str. 5
60327 Frankfurt/M

Frankfurt, den 13. Juni 2020

Sehr geehrte Damen und Herren,

am 10. September haben wir einen internationalen Veranstaltung organiesiert.

Es befindet sich in unserem Schule in Frankfurt/M am 10. September um 9:00 Uhr statt.

In unseren Veranstaltung gibt sehr interessanten Programmen mit Spielen und Kultur sowie Musik, Theater, Ausstellung.

Gerne möchten wir, dass Sie mit Ihren Kindern das ganze mit uns teil nehmen.

Für Essen und Trinken Kümmern wir das Ganze und organisieren wir Alles

Wir freuen uns auf euere Besuch.

Mit freundlichen Grüßen

Miryam Derki
Beethovenschule

Schreibleistung 2

Sehr geehrte Damen und Herren,

ich schreibe Ihnen diesen Brief weil die Beethovenschule einen internationalen Schülertag am 10. September um 10 Uhr bis 14 Uhr in der Beethovenschulespielplatz veranstaltet. Es gibt ein Programm mit Spielen und Kultur für Ihren Kindern z.B. Musik, Theater und Ausstellung. Außerdem gibt es auch eine Internation Essen und Trinken für Mittagsessen.

Sie könnten mich unter E-Mail: beethovenschule@frankfurt.de oder unter Telefonnummer 0123456789. für mehr die Informationen erreichen

Ich warte mich auf für Ihre Bestätigung Antwort und Bedanke mich im Voraus

Mit freundlichen Grüßen

Alejandro León

c Wie werden in den Texten einzelne Sätze miteinander verknüpft? Suchen Sie Beispiele. Gibt es Stellen in den Texten, die nicht so gut verknüpft sind? Sammeln Sie Vorschläge, wie man es besser machen kann.

d Enthalten die beiden Texte Grammatik- oder Wortschatzfehler? Korrigieren Sie.

Schreibleistung 1, Zeile 6/7: ~~einen internationalen Veranstaltung~~
eine internationale Veranstaltung

e Passen die Anrede und die Grußformel zur Situation? Diskutieren Sie.

f Welche Formulierungen und Satzanfänge sind Ihrer Meinung nach weniger komplex und welche sind sprachlich anspruchsvoller? Formulieren Sie die einfachen Sätze um.

Schreibleistung 1, Zeile 17: ~~Wir freuen uns auf euere Besuch~~
Wir freuen uns, wenn Sie an der Veranstaltung teilnehmen können.

Schon probiert?

Schreiben Sie die umformulierten Sätze ab. Entfernen Sie anschließend einzelne Wörter, sodass Sie einen Lückentext haben. Ihre Partnerin / Ihr Partner schreibt dann die richtigen Wörter in die Lücken. Kontrollieren Sie gemeinsam.

7 Prüfungsaufgabe: Schreiben

So geht's

In der Prüfung erhalten Sie zwei Aufgaben zur Auswahl. Verlieren Sie nicht zu viel Zeit bei der Auswahl! Entscheiden Sie schnell, in welche Situation Sie sich am besten hineinversetzen können und zu welchem Thema Ihnen am meisten einfällt. Beginnen Sie direkt mit dem Schreiben und behalten Sie die Zeit im Blick.

Wählen Sie Aufgabe A **oder** Aufgabe B. Zeigen Sie, was Sie können. Schreiben Sie möglichst viel.

Nicht vergessen!

Achten Sie darauf, dass Sie Ihren EIGENEN Text schreiben und nicht einen anderen kopieren. Sie sollen in der Prüfung zeigen, dass Sie eigenständig einen zusammenhängenden, angemessenen Text formulieren können.

Aufgabe A

Die Beethovenschule veranstaltet ein internationales Schulfest. Es gibt ein Programm mit Spielen und anderen Angeboten. Sie helfen bei der Organisation und schreiben die Einladung an die Eltern.

Schreiben Sie etwas zu den folgenden Punkten:

- Grund des Schreibens
- Zeit und Ort
- Programm
- Essen und Trinken

Aufgabe B

Ihre Tochter liebt Sprachen. In ihrer Freizeit möchte sie gern viel Englisch sprechen. Sie lesen eine Anzeige, in der die Engländerin Mary Smith Privatunterricht anbietet. Schreiben Sie Frau Smith eine E-Mail.

Schreiben Sie etwas zu den folgenden Punkten:

- Grund für Ihr Schreiben
- Kosten
- Unterricht: Wo?
- Unterricht: Wann?

8 Informationen einholen II

a Suchen Sie die Informationen im Text zu den einzelnen Stichpunkten und notieren Sie.

Familie Sortau sucht ab Oktober einen Kita-Platz für ihre einjährige Tochter Hanna. Martin Sortau schreibt an die Leiterin der Kita Regenbogen, Frau Wessel. Er arbeitet ganztags und auch seine Frau wird ab Oktober wieder voll in ihrem Beruf arbeiten. Hanna hat Probleme mit der Haut und darf deswegen keinen Zucker essen.

1 Grund: *sucht einen Kita-Platz*
2 Zeitpunkt: ......
3 Ganztagsbetreuung: ......
4 Besonderheiten bei der Ernährung: ......

b Überlegen Sie nun, was Martin Sortau an Frau Wessel schreiben kann. Was würden Sie schreiben, wenn Sie Herr Sortau wären? Sammeln Sie Ideen und notieren Sie.

1 Grund: ......
2 Zeitpunkt: *Wir bräuchten ab 1. Oktober einen Platz in der Kita.*
3 Ganztagsbetreuung: ......
4 Besonderheiten bei der Ernährung: ......

c Schreiben Sie die Mail. Nutzen Sie ihre Notizen aus Aufgabe 8b.

Sehr geehrte Frau Wessel,

d Wählen Sie eine der folgenden Situationen aus und schreiben Sie eine Mail. Schreiben Sie zu jedem Punkt mindestens einen Satz.

1 Herr Johannson schreibt an die Kfz-Werkstatt *Flinke Räder*, an Herrn Krüger. Sein Sohn möchte nach der Schule Kfz-Mechaniker werden. Er möchte in den Sommerferien ein Praktikum in der Werkstatt machen.

- Grund
- Zeitraum
- Bezahlung

2 Frau Sarfaraz möchte ihren Sohn Walid in der Musikschule anmelden. Er möchte Gitarre lernen, kann aber nicht am Mittwoch, weil er am Nachmittag Englischunterricht hat.

- Grund
- Preis
- Unterrichtszeiten

So geht's

Tauschen Sie die Mails mit Ihrer Partnerin / Ihrem Partner. Prüfen Sie, ob zu allen Punkten etwas geschrieben worden ist. Besprechen Sie die Wirkung der E-Mail. Überlegen Sie gemeinsam, ob es eventuell andere Möglichkeiten gibt, das Anliegen zu formulieren.

1 Länder und Sprachen

a Wo spricht man welche Sprache? Schreiben Sie. Oft gibt es mehrere Möglichkeiten.

1 Deutschland *Deutsch*
2 Frankreich ……
3 Spanien ……
4 Russland ……
5 Ukraine ……
6 Syrien ……
7 Türkei ……
8 Somalia ……
9 Iran ……
10 Afghanistan ……
11 Indien ……
12 Bulgarien ……
13 Polen ……
14 …… ……

b Welche Sprache sprechen Sie fließend? Und welche ganz gut? Fragen Sie die anderen Teilnehmenden im Kurs. Notieren Sie die Anzahl der Sprecherinnen/Sprecher zu jeder Sprache in der Tabelle.

Sprichst du fließend Deutsch?

Nein, aber ich spreche fließend Polnisch. Deutsch spreche ich ganz gut.

Sprache	fließend	sehr gut	ganz gut	gar nicht
Deutsch	/	////	///	
Englisch				

c Erstellen Sie aus den Ergebnissen gemeinsam eine Kursstatistik.

2 Meine Muttersprache ist …

a Lesen Sie die Blogeinträge von Bakri und Carla und ergänzen Sie. Hören Sie dann zur Kontrolle. 35

Bakri

gearbeitet | gedauert | besucht | komme aus | als Lkw-Fahrer | Muttersprache | gekommen | gelernt | möchte | vergessen | gegangen

Hallo, ich heiße Bakri Abbas. Ich ______1______ Syrien. Meine ______2______ ist Arabisch. Als Kind bin ich nur 4 Jahre zur Schule ______3______. Dort habe ich Lesen und Schreiben ______4______, aber ich habe wieder viel ______5______. Als Jugendlicher bin ich in die Türkei gegangen und habe dort ______6______. Ich spreche ganz gut Türkisch. Als ich dann nach Deutschland ______7______ bin, habe ich als Erstes einen Alphabetisierungskurs ______8______. Das war ganz schön schwer. Deutschsprechen fällt mir eigentlich leicht. Aber die Buchstaben schreiben und Lesen das hat lange ______9______. Also eigentlich schreibe ich nicht gern, aber in Deutschland muss man so viel schreiben: im Jobcenter, bei der Bank, überall. Ich ______10______ weiterlernen. Vor allem möchte ich besser schreiben und lesen lernen. Später möchte ich ______11______ arbeiten und eine eigene Familie haben. Das wäre schön.

Carla

bestanden | Ausbildung | gekommen | ganz gut | spreche | abschließen | Sprachen | geholfen | gesprochen | besucht | Aussprache | gelernt | komme

Guten Tag, ich heiße Carla Baquero und ______1______ aus Kolumbien. Ich ______2______ sehr gut Portugiesisch, weil meine Mutter aus Brasilien kommt. Mein Vater ist aus Kolumbien und spricht Spanisch. Zu Hause haben wir eigentlich immer beide Sprachen ______3______.

In der Schule habe ich dann Englisch ______4______. Englisch fiel mir sehr leicht. Als ich nach Deutschland ______5______ bin, habe ich sofort einen Integrationskurs ______6______. Am Anfang war Deutsch ganz schön schwer, vor allem die ______7______ und die Artikel.

Jetzt spreche ich schon ______8______ Deutsch und schreibe auch ziemlich gut. Ich glaube, dass es mir sehr ______9______ hat, dass ich schon andere ______10______ gelernt habe.

Wenn ich die Prüfung ______11______ habe, möchte ich weiter lernen. Ich möchte als Nächstes den B2-Kurs ______12______. Ich wünsche mir sehr, danach eine ______13______ zum Dolmetscher und Übersetzer zu machen.

35 **b** Hören Sie noch einmal und ergänzen Sie die Tabelle in Stichworten.

	Bakri	Carla
Muttersprache		
Als Kind/in der Schule		
Das fällt schwer		
Das ist leicht		
In Zukunft		

c Und Sie? Schreiben Sie Stichworte wie in Aufgabe 2b. Sprechen Sie dann über sich.

Schon probiert?
Probieren Sie einmal, zwei Minuten am Stück zu sprechen. Stellen Sie sich die Uhr. Wundern Sie sich nicht, wie lange zwei Minuten sein können!

3 Deutsch lernen

a Was passt nicht? Streichen Sie das falsche Wort durch.

1 einen Integrationskurs **besuchen / machen / lernen**
2 Deutsch **kennen / lernen / sprechen**
3 Buchstaben **schreiben / aufschlagen / lesen**
4 eine Prüfung **bestehen / ablegen / können**
5 Fragen **geben / stellen / beantworten**

b Was können Sie auf Deutsch sehr gut / gut / nicht so gut? Sprechen Sie mit Ihrer Partnerin / Ihrem Partner.

- eine E-Mail schreiben
- einen Text laut vorlesen
- die Nachrichten im Radio verstehen
- Filme sehen
- die Zeitung lesen
- beim Jobcenter anrufen
- beim Arzt sagen, was wehtut
- Diktate schreiben
- einen Dialog führen
- nach dem Weg fragen

Schon fertig?
Finden Sie weitere Beispiele. Schreiben Sie jedes Beispiel auf eine kleine Karte. Spielen Sie dann zu dritt oder zu viert. Ziehen Sie eine Karte und fragen Sie Ihre Partnerin / Ihren Partner, wie gut sie / er die Tätigkeit auf der Karte kann.

4 Über sich sprechen

So geht's

In diesem Teil der mündlichen Prüfung sollen Sie über sich selbst sprechen. Sie können anfangs die wichtigsten Sätze auswendig lernen. Das gibt Ihnen Sicherheit, falls Sie aufgeregt sind. In der Prüfung sollten Sie aber frei sprechen. Die Prüfenden werden Ihnen danach auch Fragen stellen, auf die Sie antworten sollen. Hier hilft es, wenn Sie sich im Kurs gegenseitig immer wieder Fragen zu Ihrer persönlichen Situation stellen und diese beantworten.

a Schreiben Sie zu jedem der folgenden Punkte ein bis zwei Stichworte. Erzählen Sie anschließend Ihrer Partnerin / Ihrem Partner etwas über sich.

Name
Geburtsort
Wohnort
Arbeit / Beruf
Familie
Sprachen

Schon fertig?
Überlegen Sie sich Fragen zu dem Vortrag Ihrer Partnerin / Ihres Partners. Wozu möchten Sie noch mehr wissen? Fragen Sie nach.

b Formulieren Sie Sätze mit *wenn ..., dann ...*

So geht's

Wenn Sie keinen Beruf oder keine Familie haben, dann überlegen Sie zum Beispiel, welchen Beruf Sie gern erlernen wollen oder ob Sie in Zukunft einmal eine Familie haben möchten. Es gibt hier kein Richtig oder Falsch. Wichtig ist, dass Sie zeigen, dass Sie von sich erzählen können.

Prüfung bestehen | Ausbildung beenden | Arbeit haben | Wohnung haben | Deutschkurs abschließen | heiraten

Wenn ich die Ausbildung beendet habe, ...

Wenn ich die Prüfung bestanden habe, dann möchte ich ein Praktikum machen.

Wenn ich eine Arbeit habe, ...

c Sammeln Sie Formulierungen, mit denen Sie über die Punkte in Aufgabe 4a sprechen können. Erstellen Sie ein Lernplakat.

Name *Ich heiße … / Ich bin … / Mein Name ist …*

Geburtsort

Wohnort

5 Prüfungsaufgabe: Sprechen Teil 1

Über sich sprechen.

Das sagt der Prüfer oder die Prüferin:

– *Würden Sie sich bitte vorstellen?*

– *Erzählen Sie bitte etwas über sich.*

Name?

Geburtsort?

Wohnort?

Arbeit / Beruf?

Familie?

Sprachen?

6 Über sich selbst schreiben

a Lesen Sie den Blogeintrag von Ewa und ergänzen Sie die Konnektoren.

entweder | nicht nur | als | aber | weil | oder | zwar | aber | sondern … auch | wenn

Hallo, ich heiße Ewa Kowalewa. Ich komme aus der Ukraine. Geboren wurde ich in Kiew, ………1……… aufgewachsen bin ich in Lwiw. Jetzt wohne ich in Deutschland, in Berlin. In der Ukraine habe ich ………2……… Bürokauffrau gelernt, ………3……… ich habe nie in dem Beruf gearbeitet. ………4……… ich vor einem Jahr nach Deutschland gekommen bin, habe ich kein Wort Deutsch gesprochen. Heute spreche ich ………5……… ganz gut Deutsch, ………6……… ich schreibe ………6……… ganz gut auf Deutsch, ………7……… ich gleich einen Integrationskurs begonnen habe. ………8……… ich die Prüfung bestanden habe, möchte ich den B2-Kurs absolvieren. Dann möchte ich ………9……… eine Ausbildung zur Erzieherin ………10……… zur Krankenpflegerin machen. Auf jeden Fall möchte ich mit Menschen arbeiten.

Schon fertig?
Schreiben Sie einen ähnlichen Text wie Ewa über sich. Benutzen Sie auch die Konnektoren, um die Informationen zu verknüpfen.

b Wer sind diese Personen? Machen Sie Vorschläge und ergänzen Sie die fehlenden Informationen.

So geht's
In der Prüfung sollen Sie die Rolle einer anderen Person einnehmen. Tun Sie dabei also so, als ob Sie selbst diese Person wären, und überlegen Sie sich, was Sie schreiben oder fragen würden.

Name: Bassam Ismail	***Name:*** Carola Lopez	***Name:*** Soliana Berhane
Geburtsort: …………, Syrien	***Geburtsort:*** …………, Spanien	***Geburtsort:*** Asmara, Eritrea
Wohnort: Heidelberg	***Wohnort:*** …………	***Wohnort:*** …………
Familie: verheiratet, 2 Kinder	***Familie:*** …………	***Familie:*** verheiratet, ………… Kinder
Beruf: …………	***Beruf:*** …………	***Beruf:*** …………
Sprachen: Arabisch	***Sprachen:*** Spanisch, …………	***Sprachen:*** Tigrinya, …………

c Arbeiten Sie in Gruppen. Schreiben Sie für die Personen einen Blogeintrag wie in Aufgabe 6a. Tauschen Sie mit Ihrer Partnerin / Ihrem Partner und vergleichen Sie.

Hallo, ich bin … …………

1 Verschiedene Ausbildungswege

a Lesen Sie die Texte und verbinden Sie die Sätze.

Amoako

Ich komme aus Ghana und studiere in Deutschland Informatik. Meine Professoren lehren gut und ich lerne viel. Ganz besonders interessiert mich das Programmieren. Deshalb arbeite ich nebenbei als freier Mitarbeiter in einer Computerfirma. So kann ich auch mein Studium finanzieren.

Selina

Ich bin ausgebildete Krankenschwester, aber seit meinem Autounfall habe ich massive Rückenprobleme und kann nicht mehr schwer heben. Deshalb werde ich beruflich noch einmal neu starten: Ich möchte Grafikerin werden. Dafür mache ich nun eine zweite Ausbildung, die drei Jahre dauert.

Alejandro

Ich bin Arzt und arbeite an der Uniklinik in Heidelberg. Das Thema „Weiterbildung" ist für mich essenziell. Ich versuche, mich so oft wie möglich weiterzubilden, daher nehme ich an vielen Fortbildungen teil. Dabei lerne ich neue Behandlungsmethoden kennen. Außerdem ist der Austausch mit Kollegen sehr interessant.

Samira und Leyla

Wir sind Schwestern und mussten 2015 aus Syrien fliehen. Hier in Bremen haben wir einen Integrationskurs besucht. Jetzt suchen wir beide einen Ausbildungsplatz. Ich möchte Kosmetikerin und meine Schwester will Friseurin werden. Danach wollen wir gemeinsam einen eigenen Friseur- und Kosmetiksalon eröffnen. Im Moment macht jede von uns ein Praktikum. So können wir schon ein bisschen Erfahrung sammeln.

1	Amoako	a	und Leyla machen gerade ein Praktikum.
2	Selina	b	studiert.
3	Alejandro	c	hat einen Beruf, aber jetzt macht sie eine Ausbildung.
4	Samira	d	findet Weiterbildung sehr wichtig.

b Welcher Ausbildungsweg aus den Texten in Aufgabe 1a war für Sie am interessantesten? Warum? Sprechen Sie mit Ihrer Partnerin/Ihrem Partner.

Für mich ist ... sehr interessant.

Ich finde ... spannend, weil ...

c Ergänzen Sie die fehlenden Verben oder Nomen.

	Verb	Nomen		Verb	Nomen
1	....	die Beratung	5	....	die Weiterbildung
2	sich fortbilden	....	6	umschulen	....
3	....	die Finanzierung	7	....	die Ausbildung
4	unterstützen	....	8	abschließen	....

d Arbeiten Sie zu zweit. Stellen Sie sich gegenseitig Fragen zu Ihrer Ausbildung.

Haben Sie studiert?

Was haben Sie studiert?

Haben Sie eine Berufsausbildung?

Möchten Sie eine Ausbildung in Deutschland machen?

Ist eine Berufsausbildung für Sie wichtig?

Was möchten Sie gerne lernen?

Was halten Sie von einer Weiterbildung?

e Was ist richtig? Hören Sie und kreuzen Sie an. 36

1 Eine Berufsausbildung dauert
- a ☐ drei Monate.
- b ☐ drei Jahre.

2 Man macht eine Berufsausbildung
- a ☐ an einer Berufsschule und in einem Betrieb.
- b ☐ nur an einer Berufsschule.

3 Die Person, die eine Lehre macht, nennt man
- a ☐ Ausbilder.
- b ☐ Azubi.

Azubi = Auszubildender

f Was erzählt Najib über die Berufsausbildung in seinem Land? Hören Sie den Dialog noch einmal und fassen Sie zusammen. 36

g Erzählen Sie im Kurs, wie man in Ihrem Land einen Beruf erlernt.

Bei uns lernt man normalerweise ...

2 Was ist dargestellt?

a Was sehen Sie auf dem Foto? Beantworten Sie die Fragen mit Ihrer Partnerin / Ihrem Partner.

Wer ist zu sehen?

Was kann man noch sehen?

Wo sind die Personen?

Welche Gegenstände sehen Sie?

Was machen die Personen?

Sind die Personen traurig / fröhlich / entspannt / konzentriert ...?

So geht's

In diesem Prüfungsteil erhalten Sie und Ihre Partnerin / Ihr Partner jeweils ein Foto. Sie sollen die darauf dargestellte Situation beschreiben. Im ersten Schritt beschreiben Sie, welche Situation Sie auf dem Foto sehen. Nutzen Sie das Bild als Anlass, um über das Thema zu sprechen. Dazu müssen Sie nicht die Details auf dem Foto beschreiben.

b Wie sagt man es richtig? Streichen Sie die falsche Formulierung durch.

1 Ich sehe **in Bild / auf dem Bild** ...
2 **In der Mitte / Im Mitte** sieht man ...
3 **Vorne / In Vordergrund** ist ...
4 **Hinter / Im Hintergrund** sehe ich ...
5 Das Foto **zeigen / zeigt** fünf Personen.

c Was denken Sie: Was für eine Situation zeigt das Bild in Aufgabe 2a? Was könnte das Thema sein? Notieren Sie die ersten fünf Wörter, die Ihnen beim Betrachten des Fotos einfallen. Versuchen Sie dann, ausgehend von diesen ersten 5 Wörtern weitere Ideen zu notieren.

Friseursalon

d Formulieren Sie nun Ihre Ideen aus Aufgabe 2c in Sätzen.

Es könnte sein, dass …

Ich denke / glaube / vermute, dass …

… könnte das Thema sein.

Vielleicht …

Auf dem Foto geht es um …

Das Thema ist …

e Was sind die Themen der Fotos 1–4? Ordnen Sie sie den Fotos zu. Manchmal gibt es mehrere Möglichkeiten.

Studium | Ausbildung | Abschlussprüfung | Weiterbildung | Ausbildung zum Automechaniker | Ausbilder und Lehrlinge | Weiterbildung von Senioren | Berufsausbildung | Universität | Sprachkurs

1 

2 

3 

4 

3 Was hat das Bild mit mir zu tun?

So geht's

Nachdem Sie im ersten Schritt über die Situation auf dem Foto gesprochen haben, berichten Sie in einem zweiten Schritt über Ihre eigenen Erfahrungen mit dem Thema. Haben Sie schon etwas Ähnliches erlebt? Beschreiben Sie auch die Gemeinsamkeiten oder Unterschiede zu Ihrem Heimatland. Die Prüferin / der Prüfer wird Ihnen Fragen dazu stellen.

a Haben Sie eine ähnliche Situation wie auf einem der Fotos schon einmal selbst erlebt? Berichten Sie.

Ich habe auch schon einmal …

In meiner Ausbildung war es …

Meine Tochter möchte bald studieren. Ich finde …

b Lesen Sie die folgenden Aussagen zum Thema „Aus- und Weiterbildung" in Deutschland. Überlegen Sie: Wie ist das in Ihrem Land? Kreuzen Sie an.

In meinem Land / Bei uns ist das …	genauso	ganz ähnlich	ganz anders.
1 Wenn man eine Ausbildung macht, muss man auch zur Berufsschule gehen.	☐	☐	☐
2 Viele Studenten können ihr Studium nur mit Unterstützung durch die Eltern finanzieren.	☐	☐	☐
3 Es gibt auch viele Frauen, die eine Ausbildung in handwerklichen Berufen machen.	☐	☐	☐
4 Für die eigene Arbeit ist es wichtig, sich immer weiterzubilden, z. B. auf Fortbildungen.	☐	☐	☐

c Erzählen Sie nun im Kurs, wie die Situation in Ihrem Heimatland ist, und vergleichen Sie. Fragen Sie nach, wenn Sie etwas nicht verstehen.

So geht's

Es ist nicht schlimm, wenn Sie in einem (Prüfungs-)Gespräch etwas nicht verstehen. Bitten Sie Ihre Gesprächspartnerin / Ihren Gesprächspartner, das Gesagte zu wiederholen, langsamer zu sprechen oder ein Wort zu erklären. So kann das Gespräch problemlos weitergehen!

4 Prüfungsaufgabe: Sprechen Teil 2

Über Erfahrungen sprechen

Teilnehmer/in A

Das sagt der Prüfer oder die Prüferin:

Teil 2 A

Sie haben in einer Zeitschrift ein Foto gefunden. Berichten Sie Ihrer Gesprächspartnerin oder Ihrem Gesprächspartner kurz:

– Was sehen Sie auf dem Foto?

– Was für eine Situation zeigt dieses Bild?

Teil 2 B

Sprechen Sie jetzt über das Thema „Sprachenlernen". Erzählen Sie bitte: Welche Erfahrungen haben Sie damit?

Prüferfragen Stufe A2

- *Wie nutzen Sie das Internet zum Sprachenlernen?*
- *Was ist wichtiger beim Sprachenlernen, Sprechen oder Schreiben? Warum?*
- *Was finden Sie beim Sprachenlernen einfach/schwierig?*

Prüferfragen Stufe B1

- *Wie lernen Sie lieber, online oder in einer Gruppe im Klassenraum? Warum?*
- *Wann und wie haben Sie Ihre erste Fremdsprache gelernt?*
- *In Deutschland lernen viele Menschen Englisch. Wie wichtig ist Englisch für Sie?*

Teilnehmer/in B

Das sagt der Prüfer oder die Prüferin:

Teil 2 A

Sie haben in einer Zeitschrift ein Foto gefunden. Berichten Sie Ihrer Gesprächspartnerin oder Ihrem Gesprächspartner kurz:

– Was sehen Sie auf dem Foto?

– Was für eine Situation zeigt dieses Bild?

Teil 2 B

Sprechen Sie jetzt über das Thema „Sprachenlernen". Erzählen Sie bitte: Welche Erfahrungen haben Sie damit?

Prüferfragen Stufe A2

- *Wie nutzen Sie das Internet zum Sprachenlernen?*
- *Was ist wichtiger beim Sprachenlernen, Sprechen oder Schreiben? Warum?*
- *Was finden Sie beim Sprachenlernen einfach/schwierig?*

Prüferfragen Stufe B1

- *Wie lernen Sie lieber, online oder in einer Gruppe im Klassenraum? Warum?*
- *Wann und wie haben Sie Ihre erste Fremdsprache gelernt?*
- *In Deutschland lernen viele Menschen Englisch. Wie wichtig ist Englisch für Sie?*

5 Einen Beratungstermin vereinbaren

a Was passt? Ergänzen Sie die E-Mail.

wäre | erreichen | hätte | benötige | würde | anerkannt | bekommen | arbeiten | besuche | interessiert

Sehr geehrte Damen und Herren,

ich möchte als Bankkauffrau _____ (1) und _____ (2) gern einen Beratungstermin bei Ihnen. Mich _____ (3), ob meine Ausbildung in Deutschland _____ (4) wird. Außerdem _____ (5) ich gerne wissen, welches Sprachniveau ich _____ (6). Es _____ (7) sehr schön, wenn ich einen Termin am Nachmittag _____ (8) könnte, da ich vormittags einen Integrationskurs _____ (9). Sie _____ (10) mich auch telefonisch unter 0162 73 84 56.

Mit freundlichen Grüßen

Ivetta Sokolowksi

Schon fertig?
Schreiben Sie die Mail um, indem Sie andere Formulierungen nutzen.

b Sortieren Sie die Sätze aus einer E-Mail, in der jemand ans BiZ schreibt, und schreiben Sie sie neu. Achten Sie auf die Position des Verbs. Manchmal gibt es mehrere Möglichkeiten.

1 ich | ein paar | zu der Ausbildung | habe | Fragen | .
2 als Bäcker | bekomme | automatisch | nach der Ausbildung | ich | eine Stelle | ?
3 es | eine Prüfung | gibt | ?
4 denn | wie lange | die Ausbildung | dauert | ?
5 hätte | gern | für ein Beratungsgespräch | ich | einen Termin | , | mich | zum Bäcker | weil | ich | für eine Ausbildung | interessiere | .

Nicht vergessen!
Nutzen Sie Texte und Sätze im Buch für Partnerdiktate.

c Sie interessieren sich für eine Ausbildung zum Bäcker und möchten einen Beratungstermin beim BiZ vereinbaren. Schreiben Sie eine E-Mail und nutzen Sie dazu die Ideen in Aufgabe 5b.

So geht's
Lesen Sie die Aufgaben immer ganz genau und stellen Sie sich die Situation möglichst bildlich vor. Es hilft, wenn Sie in die Rolle schlüpfen und sich vorstellen, dass Sie die Person sind.

Schon fertig?
Und Sie? Als was möchten Sie arbeiten? Überlegen Sie, was Sie wissen möchten, und schreiben Sie eine E-Mail.

1 Vorschläge machen

37 **a** Fernanda hat ein Jahr in Deutschland studiert. Nun geht sie wieder zurück in ihr Heimatland Brasilien. Ihre Freunde organisieren eine Abschiedsparty für sie. Hören Sie das Gespräch. Über welche Punkte sprechen die Personen?

1 ☐ Gäste
2 ☐ Ort der Party
3 ☐ Essen
4 ☐ Musik
5 ☐ Dekoration

37 **b** Hören Sie das Gespräch noch einmal und kreuzen Sie an.

		✓	✗
1	Amelia schlägt vor, die Party in der WG der Jungs zu machen.	☐	☐
2	Die Nachbarn von Amelia mögen keinen Lärm.	☐	☐
3	Sergio schlägt ein vegetarisches Hauptgericht vor.	☐	☐
4	Die Jungs finden die Idee, nur Salate zu machen, super.	☐	☐

c Was kann man sagen, um Vorschläge zu machen? Lesen Sie die Beispiele und ergänzen Sie die fehlenden Buchstaben.

1 Sie machen einen Vorschlag.
Wir kö_n_n ...
Ich sch_ag_ vor, dass ...
W_l_en wir ...?
Wir kö_t_n doch ...
Ich f_nd_, dass wir ...
Was hält_ du davon, wenn wir ...

2 Sie fragen, was die / der andere denkt.
Wie f_nd_t du die Idee?
Was _einst du?
Was s_gs_ du?
Was schl_gst du vor?
Wollen wir das so m_ch_n?
Hast du noch eine _nd_re Idee?

3 Sie finden einen Vorschlag gut.
Das ist eine gute Id_.
Ein_erst_nd_n. Das machen wir.
Das finde ich su_!
Ich finde den V_rs_hl_g gut.

4 Sie finden einen Vorschlag nicht so gut.
Vielleicht w_re es besser, wenn wir ...
Ich weiß nicht. Vielleicht s_ll_en wir lieber ...
Das ist eine ganz gute Idee, _b_r ...
V_ll_icht haben wir noch eine bessere Idee.

37 **d** Lesen Sie den Hörtext zum Gespräch aus Aufgabe 1a im Anhang. Welche Ausdrücke aus Aufgabe 1c kommen darin vor? Unterstreichen Sie sie. Hören Sie das Gespräch dann noch einmal.

Schon fertig?
Sammeln Sie weitere Redemittel, mit denen Sie Vorschläge machen können.

2 Die Verben *vorschlagen* und *halten von*

a Ergänzen Sie die passende Verbform.

haltet | schlägt | hältst | schlagt | vorgeschlagen | halten

1 Pia .... vor, dass wir uns im Café Blümchen am Bahnhof treffen.
2 Wir könnten mal wieder einen Spielabend machen. Was .... ihr von der Idee?
3 Die Kinder haben ...., dass wir Pizza bestellen.
4 Am Freitag könnten wir Tante Klara besuchen. Was .... du davon?
5 Ihr habt doch gesagt, dass ihr noch eine bessere Idee habt. Was .... ihr vor?
6 Was .... Sie davon, wenn wir morgen nochmal telefonieren?

b Formulieren Sie die Sätze anders. Beginnen Sie einmal mit *Ich schlage vor, dass ...* und einmal mit *Was hältst du davon, wenn ....*

Beispiel: Wir könnten doch nachher joggen gehen.
Ich schlage vor, dass wir nachher joggen gehen.
Was hältst du davon, wenn wir nachher joggen gehen?

1 Wir könnten einen Kirschkuchen backen.
2 Wollen wir uns an der Bushaltestelle treffen?
3 Wir können mit den Kindern in den Zoo gehen.

3 Was ist der Plan?

a Arbeiten Sie zu zweit. Variieren Sie den Dialog. Benutzen Sie die Ideen rechts oder Ihre eigenen Ideen.

1 ▶ Was hältst du davon, wenn wir **einen Nudelsalat machen?**
▷ **Einen Nudelsalat?** Ich weiß nicht ...
▶ Hast du eine andere Idee?
▷ Vielleicht sollten wir lieber **eine Suppe kochen?**
▶ Ja, das ist auch eine gute Idee. Das machen wir.

1 ~~einen Nudelsalat machen~~
~~eine Suppe kochen~~
2 Grammatik lernen
spazieren gehen
3 eine Radtour machen
schwimmen gehen
4 ins Kino gehen
fernsehen

b Schreiben Sie mit Ihrer Partnerin / Ihrem Partner einen ähnlichen Dialog wie in Aufgabe 3a. Benutzen Sie diesmal aber andere Formulierungen aus Aufgabe 1c. Spielen Sie dann den Dialog.

c Sie sollen helfen, eine Abschiedsparty für einen Freund zu planen. Sie sind zuständig für den Nachtisch und die Musik. Machen Sie Vorschläge und einigen Sie sich mit Ihrer Partnerin / Ihrem Partner.

4 Zeit und Ort verabreden

a Arbeiten Sie zu zweit. Welche Antworten passen zu den Fragen? Verbinden Sie. Lesen Sie dann die Fragen und Antworten mit Ihrer Partnerin / Ihrem Partner.

1 Wann hast du Zeit?	a Nein, leider nicht. Da habe ich einen Termin.
2 Wo sollen wir uns treffen?	b Ich könnte am Dienstag oder am Freitag.
3 Kannst du heute um 13 Uhr?	c Da habe ich nur vormittags Zeit.
4 Wie ist es bei dir am Samstag?	d Wir könnten uns in der Bibliothek treffen.

38 **b** Hören Sie drei Dialoge, ohne auf den Text zu schauen. Lesen Sie dann die Dialoge und bringen Sie sie in die richtige Reihenfolge. Hören Sie anschließend noch einmal zur Kontrolle.

Dialog 1

- ☐ a ▷ Ja, 14 Uhr passt auch. Also, bis Samstag dann?
- ☐ b ▷ Nein, ich muss mir das unbedingt am Wochenende nochmal anschauen.
- ☐ c ▷ Das ist eine gute Idee. Kannst du am Samstag um 10 Uhr?
- [1] d ▶ Sag mal, hast du alles verstanden, was wir heute im Deutschkurs gelernt haben?
- ☐ e ▶ Samstagvormittags habe ich leider keine Zeit. Da passe ich immer auf die Kinder meiner Schwester auf. Wie ist es bei dir am Nachmittag? Um 14 Uhr vielleicht?
- ☐ f ▶ Ja, bis Samstag.
- ☐ g ▶ Was hältst du davon, wenn wir zusammen lernen? Wir könnten uns in der Stadtbibliothek treffen.

Dialog 2

- ☐ a ▷ Am Bahnhof?
- ☐ b ▶ Um 9 Uhr habe ich einen Termin beim Zahnarzt, aber danach habe ich Zeit.
- ☐ c ▷ Super. Sollen wir uns dann um 10.30 Uhr treffen?
- ☐ d ▶ Ja, okay. Also, morgen 10.30 Uhr am Bahnhof.
- ☐ e ▶ Gerne. Und wo?
- ☐ f ▷ Hast du morgen Vormittag Zeit?

Dialog 3

- ☐ a ▷ 15 Uhr geht leider nicht. Da habe ich einen Termin beim Arbeitsamt. Könntest du auch etwas später, so um 18 Uhr?
- ☐ b ▷ Super, dann sehen wir uns am Donnerstag.
- ☐ c ▶ Sehr gerne. Wie ist es bei dir am Donnerstag um 15 Uhr?
- ☐ d ▷ Hast du Lust, diese Woche wieder zusammen joggen zu gehen?
- ☐ e ▶ Ja, 18 Uhr passt mir auch gut.

c Lesen Sie die Dialoge in Aufgabe 4b mit Ihrer Partnerin / Ihrem Partner.

d Vervollständigen Sie die Mini-Dialoge. Vergleichen Sie dann mit Ihrer Partnerin / Ihrem Partner.

leider nicht | keine Zeit | Das geht | Wie ist es | das passt mir | Hast du | Passt dir | Können wir uns | wie viel

1 ▶ ......1...... am Dienstag um 17 Uhr Zeit?
▷ Ja, ...2...... gut.

2 ▶ ......3...... bei dir am Samstag?
▷ Da habe ich leider ......4...... .

3 ▶ Um ......5...... Uhr sollen wir uns treffen?
▷ ......6...... 10.30 Uhr?

4 ▶ Kannst du am Montagnachmittag?
▷ Nein, da kann ich ......7...... .

5 ▶ ......8...... heute um 9 Uhr treffen?
▷ ......9...... leider nicht. Da habe ich einen Termin.

e Zu zweit: Sie wollen etwas für Ihre Fitness tun und diese Woche dreimal zusammen joggen gehen. Finden Sie drei Termine, an denen Sie beide Zeit haben. Verwenden Sie Fragen und Antworten wie in Aufgabe 4d. Schreiben Sie die Termine in Ihren Terminkalender.

Vorbereitung für Teilnehmerin / Teilnehmer A und B:
Zeichnen Sie einen Stundenplan wie unten in Ihr Heft.
Tragen Sie folgende Termine ein:
Zahnarzt, Friseur, Arbeitsamt, FreundIn / Freund besuchen, neue Wohnung besichtigen.
Sie entscheiden, wann die Termine sind. Ihre Partnerin / Ihr Partner sollte nicht sehen, was Sie schreiben.

TN A	Mo	Di	Mi	Do	Fr
14 Uhr			*Zahnarzt*		
15 Uhr	*Arbeitsamt*				
16 Uhr					

TN B	Mo	Di	Mi	Do	Fr
14 Uhr				*Friseur*	
15 Uhr		*Zahnarzt*			
16 Uhr					

f Sie möchten mit einer anderen Person aus Ihrem Kurs außerdem gern einen Kaffee trinken gehen. Finden Sie noch einen gemeinsamen Termin?

5 Nützliche Wörter und Ausdrücke

So geht's

In der Prüfung sollen Sie zu zweit etwas planen. Das heißt, Sie sollen Vorschläge machen und auf die Vorschläge Ihrer Partnerin / Ihres Partners reagieren. Damit das gut klappt, sammeln Sie am besten vorher nützliche Wörter und Ausdrücke und üben sie. Sammeln Sie aber nicht zu viele, sonst verlieren Sie den Überblick. Und: Wenn Sie unsicher sind, wählen Sie kurze, einfache Formulierungen.

Schauen Sie sich noch einmal die Wörter und Ausdrücke in den Aufgaben 1 und 4 an. Notieren Sie für jede Situation eine oder zwei Formulierungen, die Sie verwenden möchten.

1 einen Vorschlag machen

....

2 fragen, was die Partnerin / der Partner denkt

....

3 sagen, dass man eine Idee gut findet

....

4 sagen, dass man eine Idee nicht so gut findet

....

5 einen Termin vorschlagen

....

6 sagen, dass ein Terminvorschlag passt

....

7 sagen, dass ein Terminvorschlag nicht passt

....

6 Sie sind ein Team!

a Was glauben Sie: Was sollten Sie in der Prüfung machen? Kreuzen Sie an. Besprechen Sie die Aussagen anschließend im Unterricht.

1 Sie sollten ...

a ☐ so schnell wie möglich und ohne Pausen sprechen. Dann sehen die Prüfer, dass Sie richtig gut sind.

b ☐ nicht zu schnell sprechen. Dann können Sie besser überlegen, was Sie sagen möchten.

2 Wenn die Partnerin / der Partner nichts sagen kann oder ein Wort nicht weiß, sollten Sie

a ☐ helfen. So bleibt das Gespräch im Fluss, und das ist für Sie beide gut.

b ☐ nicht helfen. So können Sie zeigen, dass Sie besser sind.

3 Sie sollten versuchen, ...
- a ☐ auf jeden Fall mehr als Ihre Partnerin / Ihr Partner zu sagen.
- b ☐ möglichst gleich viel zu Sprechen damit das Gespräch natürlich wirkt.

4 Es ist wichtig, dass ...
- a ☐ Sie ganz korrekt sprechen. Lernen Sie dafür vorher viele Sätze auswendig.
- b ☐ Sie frei sprechen. Es ist kein Problem, wenn Sie dabei ein paar kleine Fehler machen.

So geht's

Sie und Ihre Partnerin / Ihr Partner sind in der Prüfung ein Team. Arbeiten Sie miteinander, nicht gegeneinander. Die Prüfer finden es gut, wenn das Gespräch möglichst natürlich ist und „fließt". Sie können sich darauf vorbereiten, indem Sie zusammen mit verschiedenen Lernpartnerinnen / Lernpartnern die Prüfung mehrmals durchspielen. So lernen Sie, spontan auf unterschiedliche Personen zu reagieren.

b Sie beide sind Lernpartnerinnen / Lernpartner und möchten sich gemeinsam auf die Deutschprüfung vorbereiten. Planen Sie, was Sie genau tun möchten. Die folgenden Notizen helfen Ihnen.

Wann treffen?
Wo treffen?
Wortschatz üben?
Mündliche Prüfung?
Material?
...?

c Wie gut hat Aufgabe 6b geklappt? Sprechen Sie mit Ihrer Partnerin / Ihrem Partner. Die Fragen unten helfen Ihnen.

1. Was war gut? Was kann noch besser werden?
2. War es einfach, das Gespräch zu beginnen? Wenn nicht, warum nicht?
3. Haben Sie alles verstanden, was Ihre Partnerin / Ihr Partner gesagt hat?
4. Ist das Gespräch an einer Stelle abgebrochen oder gab es lange Pausen? Wissen Sie, warum das passiert ist?
5. Welche Probleme gab es noch?

d Notieren Sie ein oder zwei Dinge, die Sie beim nächsten Mal besser machen möchten. Sprechen Sie dann im Kurs darüber. Überlegen Sie gemeinsam, wie Sie Ihr Ziel erreichen können.

....

....

e Spielen Sie nun weitere Gespräche durch. Überlegen Sie zuerst, über welche Punkte Sie sprechen könnten.

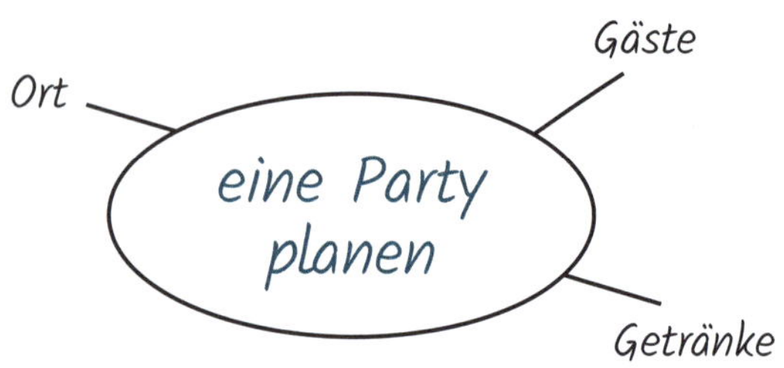

f Besprechen Sie wieder, was gut war und was noch nicht so gut war. Haben die Dinge, die Sie in Aufgabe 6d notiert haben, diesmal besser geklappt?

7 Prüfungsaufgabe: Sprechen Teil 3

Gemeinsam etwas planen

Situation:

Nächste Woche ist von Mittwoch bis Sonntag Stadtfest in Kirchstadt. Sie möchten zusammen dorthin fahren. Kirchstadt ist etwa 15 km von Ihnen entfernt.

Aufgabe:

Planen Sie gemeinsam, was Sie tun möchten. Hier sind einige Notizen:

Termin?

Treffpunkt?

weitere Personen?

Verkehrsmittel?

Kleidung?

...

Nicht vergessen!

In der Prüfung müssen Sie nicht über alle Punkte auf dem Notizzettel sprechen. Die Ideen sind nur als Hilfe für Sie gedacht. Vergessen Sie nicht, die Situation in der Aufgabenstellung genau zu lesen.

8 Gut vorbereitet für den Prüfungsteil Schreiben

a Schauen Sie sich die Schreibseiten der einzelnen Lektionen noch einmal an. Welche Tipps zum Schreibtraining finden Sie wo? Ergänzen Sie die Tabelle.

Tipp	Lektion (Seite)
1 Texte abdecken und aus dem Gedächtnis schreiben	*Lektion 1 (S. 13)*
2 Partnerdiktat	
3 Laufdiktat	
4 Lange Wörter puzzeln	
5 Texte puzzeln	
6 Erst Notizen machen, dann schreiben	
7 Aufgabe genau lesen und herausfinden, warum geschrieben wird	
8 Schlüsselwörter unterstreichen	
9 Für eine andere Person schreiben (in die Rolle schlüpfen)	
10 Verschiedene Formulierungen ausprobieren	
11 Texte mit der Partnerin / dem Partner tauschen und besprechen	
12 Angaben in der Situationsbeschreibung nutzen	

b Was davon haben Sie schon ausprobiert? Was hat Ihnen gut geholfen, was möchten Sie noch üben? Sprechen Sie im Kurs.

c Schauen Sie sich noch einmal Lektion 10 an. Was erfahren Sie dort über die Schreibaufgabe? Worauf müssen Sie achten? Erstellen Sie eine Checkliste im Kurs.

Checkliste

–
–
–

So geht's

Markieren Sie die Antwort immer gleich beim Lösen der Aufgabe im richtigen Feld auf dem Antwortbogen. Zu Übungszwecken finden Sie hier den entsprechenden Ausschnitt aus dem Antwortbogen direkt neben der Aufgabe. Füllen Sie das Feld wie im Beispiel aus.

Hören Teil 1

39

Sie hören vier Ansagen. Zu jeder Ansage gibt es eine Aufgabe. Welche Lösung (a, b oder c) passt am besten? Markieren Sie Ihre Lösungen für die Aufgaben 1–4 auf dem Antwortbogen.

Nicht vergessen!

Der Subtest „Hören" besteht aus vier Teilen und dauert insgesamt 25 Minuten.

Beispiel

Was soll Herr Jeschek tun?

a Einen Termin mit Frau Eichmann machen.
b Frau Eichmann eine E-Mail schicken.
c Um 15 Uhr zur Besichtigung kommen.

☐ a ☐ b ☒ c

1 Was soll Frau Albrecht mitbringen?

a Das Anmeldeformular.
b Das Geld für den Kurs.
c Etwas zu trinken.

1 ☐ a ☐ b ☐ c 1

2 Was soll Estefania machen?

a Im Supermarkt Zitronen kaufen.
b Mit Nina zum Supermarkt fahren.
c Nina beim Kuchenbacken helfen.

2 ☐ a ☐ b ☐ c 2

3 Wann soll Herr Riviera zu Hause sein?

a Am Donnerstagnachmittag.
b Am Mittwoch bis 16 Uhr.
c Am Mittwochvormittag.

3 ☐ a ☐ b ☐ c 3

4 Wohin soll Frau Hassani mit ihrem Sohn kommen?

a Zum Eingang der Schule.
b Zum Lehrerparkplatz.
c Zur Sporthalle.

4 ☐ a ☐ b ☐ c 4

Hören Teil 2

Sie hören fünf Ansagen aus dem Radio. Zu jeder Ansage gibt es eine Aufgabe. Welche Lösung (a, b oder c) passt am besten? Markieren Sie Ihre Lösungen für die Aufgaben 5–9 auf dem Antwortbogen. 40

5 Der Film endet mit

a einem Streit.
b einer Bahnfahrt.
c einer Hochzeit.

5 ☐ a ☐ b ☐ c 5

6 Die Fotoausstellung

a dauert bis zum 10. November.
b ist für alle Besucher kostenlos.
c ist im ersten Stock zu sehen.

6 ☐ a ☐ b ☐ c 6

7 Bei dem Frühlingsfest kann man

a ein Konzert für Kinder hören.
b ein Musikinstrument gewinnen.
c warme und kalte Getränke bekommen.

7 ☐ a ☐ b ☐ c 7

8 Das Spiel „Deutschland gegen Argentinien"

a fängt um 17.30 Uhr an.
b findet am Samstag statt.
c wird ab 19 Uhr gesendet.

8 ☐ a ☐ b ☐ c 8

9 Das Elefantenbaby ist

a im Internet zu sehen.
b schon eine Woche alt.
c schwerer als eine Waschmaschine.

9 ☐ a ☐ b ☐ c 9

Hören Teil 3

41

Sie hören vier Gespräche. Zu jedem Gespräch gibt es zwei Aufgaben. Entscheiden Sie bei jedem Gespräch, ob die Aussage dazu richtig oder falsch ist und welche Antwort (a, b oder c) am besten passt. Markieren Sie Ihre Lösungen für die Aufgaben 10–17 auf dem Antwortbogen.

Beispiel

Frau Erdmann ist die Chefin von Herrn Becker.
richtig / falsch?

☐ richtig ☒ falsch

Worum geht es?

a Herr Becker erklärt Frau Erdmann die Firmengeschichte.
b Herr Becker möchte für die Firma arbeiten.
c Herr Becker möchte mehr Gehalt.

☐ a ☒ b ☐ c

10 Mary und Niko arbeiten in der Küche.
richtig / falsch?

10 ☐ richtig ☐ falsch **10**

11 Mary hat am Dienstag

a einen freien Tag gehabt.
b länger gearbeitet als Niko.
c nicht beim Aufräumen geholfen.

11 ☐ a ☐ b ☐ c **11**

12 Michelle und Oskar sprechen über die Vorbereitung einer Feier.
richtig / falsch?

12 ☐ richtig ☐ falsch **12**

13 Oskar

a hat vergessen, die Torte zu bestellen.
b muss noch einen Fotografen finden.
c soll die Einladungskarten verschicken.

13 ☐ a ☐ b ☐ c **13**

14 Jannek und Luise planen ein Treffen in Nürnberg.
richtig / falsch?

14 ☐ richtig ☐ falsch **14**

15 Jannek und Luise wollen

a ein neues Restaurant ausprobieren.
b italienisch essen gehen.
c abends zusammen ausgehen.

15 ☐ a ☐ b ☐ c **15**

16 Frau Schubert beschwert sich bei ihrem Nachbarn.
richtig / falsch?

16 ☐ richtig ☐ falsch **16**

17 Herr Richter soll am Samstag

a helfen, die Möbel zu tragen.
b sein Fahrrad aus dem Weg stellen.
c zu Hause bleiben.

17 ☐ a ☐ b ☐ c **17**

Hören Teil 4

Sie hören Aussagen zu einem Thema. Welcher der Sätze a–f passt zu den Aussagen 18–20? Markieren Sie Ihre Lösungen für die Aufgaben 18–20 auf dem Antwortbogen. Lesen Sie jetzt die Sätze a–f. Dazu haben Sie eine Minute Zeit. Danach hören Sie die Aussagen. 42

Beispiel

☐ a ☐ b ☐ c ☐ d ☐ e ☒ f

18 ... **18** ☐ a ☐ b ☐ c ☐ d ☐ e ☐ f **18**

19 ... **19** ☐ a ☐ b ☐ c ☐ d ☐ e ☐ f **19**

20 ... **20** ☐ a ☐ b ☐ c ☐ d ☐ e ☐ f **20**

a Ein Haustier zu haben, kostet viel Geld.

b Für ein Haustier muss man genug Platz haben.

c Kinder lernen, Verantwortung zu übernehmen.

d Man braucht jemanden, der sich im Urlaub um das Tier kümmert.

e Manche Menschen haben Angst vor Tieren.

f Wenn man ein Haustier hat, fühlt man sich nicht alleine.

Lesen, Teil 1

Sie suchen interessante Fernsehsendungen. Lesen Sie die Aufgaben 21–25 und die Fernsehtipps. An welchem Tag (a, b oder c) kommt eine passende Sendung für Sie? Markieren Sie Ihre Lösungen für die Aufgaben 21–25 auf dem Antwortbogen.

Nicht vergessen!

Der Subtest „Lesen" besteht aus fünf Teilen und dauert insgesamt 45 Minuten.

Beispiel

Sie möchten ein neues Auto kaufen und brauchen Tipps.

a Mittwoch
b Samstag
c anderer Tag

☒ a ☐ b ☐ c

21 Sie möchten mehr über die Natur in Deutschland erfahren.

a Donnerstag
b Freitag
c anderer Tag

21 ☐ a ☐ b ☐ c **21**

22 Sie wollen mit Ihrem sechsjährigen Neffen eine Musiksendung für Kinder sehen.

a Montag
b Mittwoch
c anderer Tag

22 ☐ a ☐ b ☐ c **22**

23 Sie interessieren sich für gesunde Ernährung.

a Dienstag
b Freitag
c anderer Tag

23 ☐ a ☐ b ☐ c **23**

24 Sie möchten weniger Geld ausgeben und brauchen Tipps.

a Donnerstag
b Samstag
c anderer Tag

24 ☐ a ☐ b ☐ c **24**

25 Sie möchten einen lustigen Film sehen.

a Dienstag
b Sonntag
c anderer Tag

25 ☐ a ☐ b ☐ c **25**

Fernsehprogramm

Montag	Formel 1-Rennen in Monaco • Nachrichten für Kinder: Schlau-TV • Krimi: Mord am Montag • Ratgeber: Online Geld verdienen
Dienstag	Doku: Nationalparks in Kanada • Beethovens Klavierkonzert Nr. 5 • Komödie: Lachen bis der Arzt kommt • Ratgeber Gesundheit: Rückenschmerzen
Mittwoch	Fußball WM: Deutschland – Spanien • Ratgeber Finanzen: Sparen im Alltag • Auto-Test: Die besten Kleinwagen • Kinderlieder und -tänze aus aller Welt
Donnerstag	Talkshow: Mehr Geld für Pflegekräfte? • Doku: Der deutsche Wald und seine Bäume • Mach mit: Ratesendung für Kinder • Ratgeber Haustiere: Meerschweinchen
Freitag	Doku: Wiedervereinigung Deutschlands • Reise: Wandern in Österreich • Ratgeber Essen: Macht Zucker krank? • Öko-Test: Zahnpasta
Samstag	Reise: Mit dem Zug durch Südafrika • Doku: Kirchen in Deutschland • Talkshow: Autofreie Innenstädte? • Ratesendung: Gewinn die Million
Sonntag	Doku: Warum Lachen gesund ist • Ratgeber: Ein schöner Garten • Talkshow: Leben ohne Plastik? • Politik in Bayern

Lesen Teil 2

Lesen Sie die Situationen 26–30 und die Anzeigen a–h. Finden Sie für jede Situation die passende Anzeige. Markieren Sie Ihre Lösungen für die Aufgaben 26–30 auf dem Antwortbogen. Für eine Aufgabe gibt es keine Lösung. Markieren Sie in diesem Fall ein **X**.

26 Ein Bekannter hat seine Ausbildung zum Elektriker beendet. Er möchte sich in diesem handwerklichen Beruf weiterbilden und sucht Informationen.

26 ☐ a ☐ b ☐ c ☐ d ☐ e ☐ f ☐ g ☐ h ☐ x **26**

27 Ihre 16-jährige Nichte interessiert sich für eine Ausbildung im Bereich Pflege. Sie möchte vorher ein Praktikum machen.

27 ☐ a ☐ b ☐ c ☐ d ☐ e ☐ f ☐ g ☐ h ☐ x **27**

28 Ihr Nachbar ist 49 Jahre alt und Kfz-Mechaniker. Wegen gesundheitlicher Probleme muss er nun einen Büroberuf erlernen.

28 ☐ a ☐ b ☐ c ☐ d ☐ e ☐ f ☐ g ☐ h ☐ x **28**

29 Die Tochter einer Freundin sucht einen Praktikumsplatz. Sie interessiert sich für Pflanzen und möchte draußen arbeiten.

29 ☐ a ☐ b ☐ c ☐ d ☐ e ☐ f ☐ g ☐ h ☐ x **29**

30 Ihre Nachbarin interessiert sich für eine Weiterbildung im Bereich „Gesundheit". Sie kann nur zu Hause am Computer lernen.

30 ☐ a ☐ b ☐ c ☐ d ☐ e ☐ f ☐ g ☐ h ☐ x **30**

a

Maler, Installateur oder vielleicht doch Friseur?
Mit über 130 Ausbildungsberufen hat das Handwerk eine Menge zu bieten. Überzeug dich selbst davon – bei der Ausbildungsmesse „Freude am Handwerk". Hier stellen fast 40 Betriebe aus der Region rund 90 Handwerksberufe vor. Du kannst dich über das Angebot an Ausbildungsplätzen informieren und mit Arbeitgebern ins Gespräch kommen.

Wann und wo? 28. März, 9–16 Uhr im Technologiezentrum Darmstadt

b

Du arbeitest gern im Freien und liebst die Natur?
Du hast Lust, uns bei der Pflege der Gärten im Museumsgelände zu helfen? Während eines Praktikums können wir uns kennenlernen. Ich freue mich auf deine Bewerbung.
Bitte per E-Mail an Katrin Markwardt:
k.markwardt@museumsgarten.de
Freilichtmuseum Neunburg

c

Städtisches Gartenamt sucht Verstärkung
Wir sind stolz auf unsere naturnahen Stadtgärten, die den Bürgern Raum zur Erholung bieten. Zur Ergänzung unseres Teams suchen wir einen Gärtner (m/w/d).

Voraussetzungen: abgeschlossene Berufsausbildung, Führerschein Klasse B, handwerkliches Geschick, Zuverlässigkeit, Teamfähigkeit

Aufgaben: Pflege der Außenanlagen, Grünflächenpflege, Winterdienst

Bitte bewerben Sie sich bis zum 31. März online unter: www.stadtgartenamt.com/jobs

d

Seniorenheim St. Elisabeth
Als Auszubildende/r in der Altenpflege betreust du ältere Menschen, z. B. zu Hause oder im Pflegeheim. Die Ausbildung besteht aus Theorie und Praxis und findet sowohl in unserem Haus als auch in der Klinik statt.
Voraussetzungen: Realschulabschluss, Freude am Umgang mit älteren Menschen, Zuverlässigkeit.
Bewerbungen unter: www.seniorenhaus.eu/jobportal.
Bei einem Praktikum kannst du den Berufsalltag am besten kennenlernen.
Kontakt: Herr Rosner, Tel. 4652506

e

Ausbildung im Handwerk abgeschlossen – und nun?
Eine Weiterbildung zum Meister ist der nächste Schritt auf Ihrem beruflichen Weg. Bei einem Infoabend im Bildungszentrum erfährt man, welche Vorteile der Titel „Handwerksmeister" bringt, wie die Weiterbildung abläuft und was sie kostet.
Kommen Sie vorbei: Montag, 22. März, 19 Uhr, Raum 310

f

Interesse an Gesundheit und Schönheit?
Neue Kurse ab 15. April im Bildungszentrum Rhein-Main:
Fitnesstraining · Ernährungsberatung · Kosmetik · Yoga
Kleine Gruppen garantiert. Kompetente und freundliche Lehrkräfte.
Infos oder Anmeldung unter 0800 994426

g

Zeitsparend und flexibel
Lernen Sie, wann und wo Sie wollen. Wir bieten Online-Kurse mit einem staatlich anerkannten Zertifikat oder Zeugnis als Abschluss.
Informieren Sie sich jetzt über:
Fremdsprachen | Medien |
Malen & Zeichnen | Schulabschlüsse
4 Wochen kostenlos testen. Individuelle Beratung unter 0800-898977.

h

Beruflicher Neubeginn

Was tun, wenn Ihre Gesundheit es nicht mehr erlaubt, in Ihrem handwerklichen Beruf zu arbeiten?

Es gibt in jedem Alter die Möglichkeit, einen neuen Beruf zu erlernen, der körperlich nicht so anstrengend ist. Machen Sie bei uns z. B. eine Umschulung zum:

- Groß- und Außenhandelskaufmann/-frau
- Kaufmann/-frau für Büromanagement

Interessiert? Alle Infos kostenlos unter 0800 665 3322.

Lesen Teil 3

Lesen Sie die drei Texte. Zu jedem Text gibt es zwei Aufgaben. Entscheiden Sie bei jedem Text, ob die Aussage richtig oder falsch ist und welche Antwort (a, b oder c) am besten passt. Markieren Sie Ihre Lösungen für die Aufgaben 31–36 auf dem Antwortbogen.

Ab in die Handygarage

Die meisten Kinder möchten ein eigenes Handy haben. Damit es nach dem Kauf keine Konflikte gibt, sind klare Regeln wichtig. Um für handyfreie Zeiten zu sorgen, sollten Eltern eine „Handygarage“ für die ganze Familie einrichten, rät Medienexperte Lutz Freitag. „Dies kann ein einfaches Kästchen sein, das man fertig kauft. Oder besser: Die Kinder bauen sich das Kästchen selber – zum Beispiel aus Holz oder Pappe – und gestalten es nach eigenen Wünschen.“ Wichtig ist, dass die „Handygarage“ einen festen Platz in der Wohnung hat. Nachts und während der Essenszeiten werden dann alle Handys dort „geparkt“. „Diese Regel ist so einfach, dass sie auch von jüngeren Kindern verstanden und akzeptiert wird,“ bestätigen drei Elternpaare, die die Handygarage einen Monat lang getestet und gute Erfahrungen damit gemacht haben.

31 Der Text informiert auch über die Nachteile von Handygaragen.
richtig / falsch?

31 ☐ richtig ☐ falsch **31**

32 Herr Freitag schlägt vor,

a die Handygarage selbst zu basteln.
b Handygaragen einen Monat lang zu testen.
c nur für Kinder eine Handygarage zu nutzen.

32 ☐ a ☐ b ☐ c **32**

Liebe Eltern,

bald ist es soweit: Der 12. August ist der erste Schultag Ihres Kindes. Wir beginnen den Tag um 9.00 Uhr mit einer Begrüßungsfeier in der Turnhalle. Die älteren Schülerinnen und Schüler haben für die Erstklässler ein kleines Theaterstück vorbereitet, das sie bei dieser Gelegenheit vorführen möchten. Anschließend gehen die Kinder gemeinsam mit ihrer Lehrerin oder ihrem Lehrer in den Klassenraum und haben dort ihre erste Unterrichtsstunde. Um 11.30 Uhr dürfen Sie Ihr Kind dann wieder abholen und natürlich auch noch Erinnerungsfotos machen.

Ich wünsche Ihnen und Ihrem Kind einen schönen Schulanfang.

Herzliche Grüße

Annemarie Küster
Schulleiterin

33 Die Schulleiterin schreibt den Eltern, was am ersten Schultag passiert.
richtig / falsch?

33 ☐ richtig ☐ falsch **33**

34 Am ersten Schultag

a können die Kinder um halb zwölf abgeholt werden.
b müssen die Kinder um 9.00 Uhr im Klassenraum sein.
c sollen die älteren Kinder Fotos machen.

34 ☐ a ☐ b ☐ c **34**

Liebe Mieter,

wie Sie wissen, gibt es Probleme bei der Reinigung des Treppenhauses. Jetzt haben wir ein Angebot der Reinigungsfirma Eberle für diese Arbeiten. Dazu gehört:

- Treppe von einer Wohnung bis zur nächsten
- Fenster im Hausflur
- Kellertreppe

Die Kosten werden geringer, wenn viele Mieter dieses Angebot annehmen. Falls sich mindestens 50 % der Mieter im Haus beteiligen, kostet die Reinigung nur jeweils 10 Euro im Monat. Sind es weniger als die Hälfte, liegt der Preis bei 12,50 Euro.

Geben Sie mir bitte bis zum 30. Mai Bescheid, ob die Firma Eberle die Reinigung des Treppenhauses für Sie übernehmen soll oder ob Sie weiterhin selbst sauber machen möchten.

Viele Grüße

Rainer Thiel

35 Herr Thiel macht den Mietern einen Vorschlag.
richtig / falsch?

35 ☐ richtig ☐ falsch **35**

36 Die Mieter

a dürfen das Treppenhaus nicht mehr selbst reinigen.
b müssen maximal zehn Euro für die Reinigung bezahlen.
c sollen Herrn Thiel bis Ende Mai ihre Entscheidung mitteilen.

36 ☐ a ☐ b ☐ c **36**

Lesen Teil 4

Lesen Sie den Text. Entscheiden Sie, ob die Aussagen 37–39 richtig oder falsch sind. Markieren Sie Ihre Lösungen für die Aufgaben 37–39 auf dem Antwortbogen.

Online-Bibliothek

Sie kennen sicherlich unsere Stadtbibliothek und nutzen schon lange die Möglichkeiten zur Ausleihe unterschiedlicher Medien. Ab sofort müssen Sie nicht mehr persönlich vorbeikommen, sondern können direkt auf unser Online-Angebot zugreifen.

In dieser Online-Bibliothek können Sie viele Medien in digitaler Form (E-Medien) ausleihen. Wir bieten Ihnen jetzt neben E-Books, Hörbüchern, E-Zeitschriften und Videos auch Computerspiele für Kinder und Erwachsene an.

Medien ausleihen

Die Online-Bibliothek funktioniert ganz einfach: Jedes E-Medium kann innerhalb der Leihfrist immer nur von einer Person ausgeliehen werden. Jede Person darf sich gleichzeitig maximal zehn Medien ausleihen.

Zugang

Registrierte Nutzer/innen können sich auf der Startseite mit ihrer Leseausweis-Nummer und ihrem Passwort einloggen. Der Leihvorgang wird in einzelnen Schritten für jeden verständlich erklärt.

Leihfristen und Rückgabe

Die Leihfrist für E-Books oder E-Zeitschriften ist 28 Tage, für alle anderen Medien 14 Tage. Diese Frist wird automatisch digital beendet, d.h. man kann die ausgeliehene Datei dann nicht mehr öffnen. Dadurch entstehen keine Mahngebühren. Eine Verlängerung der Frist ist leider nicht möglich, aber Sie können das E-Medium erneut ausleihen.

Eine frühere Rückgabe ist immer möglich. Wir bitten sogar ausdrücklich darum, die Medien schnell zurückzugeben, damit diese dann für andere Nutzer/innen wieder bereitstehen.

Kosten

Das Herunterladen von E-Medien ist für Sie kostenlos, wenn Sie einen gültigen Leseausweis der Stadtbibliothek haben. Es gibt (wie oben erklärt) keine Mahngebühren.

Leseausweis

Einen Leseausweis der Stadtbibliothek erhalten Sie im Erdgeschoss beim Kundenservice nach der Anmeldung. Dabei müssen Sie entweder Ihren Personalausweis bzw. Pass oder eine Meldebescheinigung vorlegen. Die Jahresgebühr für die Nutzung der Stadtbibliothek beträgt 21 Euro (ermäßigt 11 Euro).

37 Man kann so viele E-Medien ausleihen, wie man möchte.
richtig / falsch?

37 ☐ richtig ☐ falsch 37

38 Nach maximal zwei Wochen enden alle Leihfristen.
richtig / falsch?

38 ☐ richtig ☐ falsch 38

39 Der Leseausweis muss persönlich abgeholt werden.
richtig / falsch?

39 ☐ richtig ☐ falsch 39

Lesen Teil 5

Lesen Sie den Text und schließen Sie die Lücken 40–45. Welche Lösung (a, b oder c) passt am besten? Markieren Sie Ihre Lösungen für die Aufgaben 40–45 auf dem Antwortbogen.

Anfrage für Renovierungsarbeiten

___**0**___ geehrter Herr Benning,

auf ___**40**___ Internetseite habe ich gesehen, dass Sie einen Winterrabatt von 5 % auf Renovierungsarbeiten anbieten. Das passt perfekt, ___**41**___ ich möchte im Januar meine 4-Zimmer-Wohnung (92 qm) renovieren lassen. Alle Räume müssen neu gestrichen werden und das Wohnzimmer soll auch einen neuen Teppich bekommen. ___**42**___ Sie mir bitte ein Angebot machen? ___**43**___ Sie die Wohnung zuerst besichtigen möchten, können wir natürlich gerne einen Termin vereinbaren. Telefonisch bin ich ___**44**___ nicht immer erreichbar, da ich Schichtdienst habe. Sie können mir aber ___**45**___ auf die Mailbox sprechen oder eine E-Mail schicken. Vielen Dank.

Mit freundlichen Grüßen

David Magoro

Beispiel

0 **a** Oft
b Sehr
c Viel

☐ ☒ ☐
a b c

40 **a** ihrer
b Ihrer
c seiner

40 ☐ ☐ ☐ **40**
a b c

41 **a** aber
b denn
c oder

41 ☐ ☐ ☐ **41**
a b c

42 **a** Müssten
b Sollten
c Würden

42 ☐ ☐ ☐ **42**
a b c

43 **a** Obwohl
b Während
c Wenn

43 ☐ ☐ ☐ **43**
a b c

44 **a** anders
b hoffentlich
c leider

44 ☐ ☐ ☐ **44**
a b c

45 **a** jederzeit
b nie
c ständig

45 ☐ ☐ ☐ **45**
a b c

Schreiben

Wählen Sie Aufgabe A **oder** Aufgabe B. Zeigen Sie, was Sie können. Schreiben Sie möglichst viel. Schreiben Sie Ihren Text auf den Antwortbogen.

Nicht vergessen!
Im Subtest „Schreiben“ wählen Sie eine Aufgabe. Sie haben 30 Minuten Zeit zur Bearbeitung.

Aufgabe A

Ihr kleiner Sohn würde gern in einem Verein Fußball spielen. Er möchte zuerst ein Probetraining machen. Schreiben Sie eine E-Mail an den Trainer der Jugendmannschaft, Andreas Behrens.

Schreiben Sie etwas zu folgenden Punkten:

- Information zu Ihrem Sohn
- Termin für Probetraining
- Kleidung?
- wie Sie erreichbar sind

oder

Aufgabe B

Sie möchten Ihren Handyvertrag kündigen. Sie schreiben einen Brief an die Firma.

Schreiben Sie etwas zu folgenden Punkten:

- Grund für Ihr Schreiben
- Kündigungstermin
- Grund für die Kündigung
- Bitte um Rückantwort

3 Schreiben	Welche Aufgabe haben Sie bearbeitet? ☐ A ☐ B

Sprechen Teil 1

Über sich sprechen

Teilnehmer/in A und B

Nicht vergessen!
Immer zwei Personen machen die Mündliche Prüfung zusammen (Teilnehmerin/Teilnehmer A und B). Insgesamt dauert die Mündliche Prüfung ca. 16 Minuten.

Name

Geburtsort

Wohnort

Arbeit / Beruf

Familie

Sprachen

Das sagt der Prüfer oder die Prüferin:

– *Würden Sie sich bitte vorstellen?*

– *Erzählen Sie bitte etwas über sich.*

Sprechen Teil 2

Über Erfahrungen sprechen

Teilnehmer/in A

Das sagt der Prüfer oder die Prüferin:

Teil 2 A

Sie haben in einer Zeitschrift ein Foto gefunden. Berichten Sie Ihrer Gesprächspartnerin oder Ihrem Gesprächspartner kurz:

– Was sehen Sie auf dem Foto?

– Was für eine Situation zeigt dieses Bild?

Teil 2 B

Unterhalten Sie sich jetzt über das Thema „Nachbarn“. Erzählen Sie etwas über sich und darüber, wie Sie über Nachbarn denken.

Prüferfragen Stufe A2

- *Wie sind Ihre Nachbarn?*
- *Welche Probleme gibt es oft zwischen Nachbarn?*
- *Wie sollten gute Nachbarn sein?*

Prüferfragen Stufe B1

- *Was kann man tun, um gut mit den Nachbarn auszukommen?*
- *Sollte man sich bei den Nachbarn vorstellen, wenn man in eine neue Wohnung zieht? Warum oder warum nicht?*
- *Was kann man tun, wenn man Probleme mit den Nachbarn hat?*

Sprechen Teil 2

Über Erfahrungen sprechen

Teilnehmer/in B

Das sagt der Prüfer oder die Prüferin:

Teil 2 A

Sie haben in einer Zeitschrift ein Foto gefunden. Berichten Sie Ihrer Gesprächspartnerin oder Ihrem Gesprächspartner kurz:

– Was sehen Sie auf dem Foto?

– Was für eine Situation zeigt dieses Bild?

Teil 2 B

Unterhalten Sie sich jetzt über das Thema „Nachbarn". Erzählen Sie etwas über sich und darüber, wie Sie über Nachbarn denken.

Prüferfragen Stufe A2

- *Wie sind Ihre Nachbarn?*
- *Welche Probleme gibt es oft zwischen Nachbarn?*
- *Wie sollten gute Nachbarn sein?*

Prüferfragen Stufe B1

- *Was kann man tun, um gut mit den Nachbarn auszukommen?*
- *Sollte man sich bei den Nachbarn vorstellen, wenn man in eine neue Wohnung zieht? Warum oder warum nicht?*
- *Was kann man tun, wenn man Probleme mit den Nachbarn hat?*

Sprechen Teil 3

Gemeinsam etwas planen

Teilnehmer/in A und B

Situation:
Freunde von Ihnen wollen am nächsten Samstag in eine neue Wohnung ziehen. Sie beide sollen sich am Umzugstag um die Kinder Ihrer Freunde (6 und 9 Jahre) und den Hund kümmern.

Aufgabe:
Planen Sie gemeinsam, was Sie tun möchten. Hier sind einige Notizen:

- Treffpunkt?
- Aktivitäten für gutes Wetter?
- Aktivitäten für schlechtes Wetter?
- Essen?
- Kleidung?
- ...?

Hören Teil 1

43

Sie hören vier Ansagen. Zu jeder Ansage gibt es eine Aufgabe. Welche Lösung (a, b oder c) passt am besten? Markieren Sie Ihre Lösungen für die Aufgaben 1–4 auf dem Antwortbogen.

So geht's

Simulieren Sie nun eine komplette Prüfung: Hören Sie den Text nur einmal, machen Sie keine Pausen und nutzen Sie keine Hilfsmittel wie Wörterbücher oder Ihr Smartphone. Arbeiten Sie allein und markieren Sie Ihre Lösungen direkt auf dem Antwortbogen.

Beispiel

Was soll Frau Petersen tun?

a Herrn Heine anrufen.
b Ihre Bewerbungsunterlagen abholen.
c Zu einem Kennenlerntag kommen.

☐ a ☐ b ☒ c

1 Was soll Emilia tun?

a Ein Paket abschicken.
b Etwas von der Post abholen.
c In der Stadt ein Geschenk kaufen.

2 Was soll Herr Höger tun?

a Am Donnerstag in die Praxis kommen.
b Heute mit der Praxis telefonieren.
c Nächste Woche den Zahnarzt anrufen.

3 Was soll Frau Fink tun?

a Geld an das Fundbüro überweisen.
b Ihre Tasche noch diese Woche abholen.
c Noch heute telefonieren.

4 Was soll Jelena tun?

a Sofia später noch kontaktieren.
b Mit Sofia zu einem Termin gehen.
c Morgen früh in die Stadt kommen.

Hören Teil 2

Sie hören fünf Ansagen aus dem Radio. Zu jeder Ansage gibt es eine Aufgabe. Welche Lösung (a, b oder c) passt am besten? Markieren Sie Ihre Lösungen für die Aufgaben 5–9 auf dem Antwortbogen.

5 Das Thermalbad Alibaba

a bietet 3 Monate freien Eintritt.
b hat im Juli Umbauarbeiten.
c macht Anfang Juli wieder auf.

6 Was hören Sie gerade im Radio?

a Den Wetterbericht.
b Ein Konzert.
c Einen Veranstaltungstipp.

7 Wann kommt die Musiksendung?

a Um 19 Uhr.
b Um 19.30 Uhr.
c Um 20 Uhr.

8 Was kann man gewinnen?

a Eine Reise.
b Eine Tasche.
c Einen Koffer.

9 Wann sind Betten billiger?

a Am Donnerstag.
b Am Freitag.
c Am Samstag.

Hören Teil 3

Sie hören vier Gespräche. Zu jedem Gespräch gibt es zwei Aufgaben. Entscheiden Sie bei jedem Gespräch, ob die Aussage dazu richtig oder falsch ist und welche Antwort (a, b oder c) am besten passt. Markieren Sie Ihre Lösungen für die Aufgaben 10–17 auf dem Antwortbogen.

Beispiel

Sie hören eine Besprechung zwischen Kollegen.
richtig / falsch?

☒ richtig ☐ falsch

Worum geht es?

a Der Mann erzählt von seinen Urlaubserlebnissen.
b Die Frau ist neu in der Firma.
c Die Frau stellt Themen vor.

☐ a ☐ b ☒ c

10 Der Mann und die Frau wohnen im selben Haus.
richtig / falsch?

11 Die Frau will
a den Vermieter anrufen.
b Herrn Schneider einen Brief schreiben.
c mit Herrn Schneider sprechen.

12 Der Mann und die Frau sind Kollegen.
richtig / falsch?

13 Die Weiterbildung
a fängt im Juli an.
b findet nach der Arbeit statt.
c ist immer am Wochenende.

14 Der Mann spricht mit einer Ärztin.
richtig / falsch?

15 Der Mann
a möchte erstmal keine Tabletten nehmen.
b muss in den nächsten Tagen unterrichten.
c will sich krankschreiben lassen.

16 Der Mann arbeitet in einem Kindergarten.
richtig / falsch?

17 Die Frau will den Mitarbeitern im Kindergarten
a ein Geschenk kaufen.
b einen Vorschlag machen.
c Süßigkeiten mitbringen.

Hören Teil 4

Sie hören Aussagen zu einem Thema. Welcher der Sätze a–f passt zu den Aussagen 18–20? Markieren Sie Ihre Lösungen für die Aufgaben 18–20 auf dem Antwortbogen. Lesen Sie jetzt die Sätze a–f. Dazu haben Sie eine Minute Zeit. Danach hören Sie die Aussagen.

Beispiel

☒ a ☐ b ☐ c ☐ d ☐ e ☐ f

18 ...

19 ...

20 ...

a Auf Partys sind gute Gespräche oft nicht möglich.

b Es ist langweilig, am Wochenende zu Hause zu bleiben.

c Kleine Kinder soll man abends nicht auf Partys mitnehmen.

d Man spart Geld, wenn man mit Freunden kocht, statt auszugehen.

e Nicht jeder kann es sich leisten, oft auszugehen.

f Zu Hause kann man gut entspannen.

Lesen Teil 1

Sie sind in einem Möbelhaus und möchten verschiedene Dinge erledigen. Lesen Sie die Aufgaben 21–25 und die Infotafel. Welches Stockwerk (a, b oder c) passt?

Beispiel

Sie suchen einen Tisch für das Esszimmer.

a 3. OG

b 1. OG

c anderes Stockwerk

☐ a ☒ b ☐ c

21 Sie möchten Stühle für den Garten kaufen.

a 3. OG

b UG

c anderes Stockwerk

22 Eine Bekannte braucht einen Schrank für das Kinderzimmer.

- **a** 3. OG
- **b** 2. OG
- **c** anderes Stockwerk

23 Sie möchten sich die Hände waschen.

- **a** 4. OG
- **b** 1. OG
- **c** anderes Stockwerk

24 Sie möchten eine Pause machen und etwas essen und trinken.

- **a** EG
- **b** UG
- **c** anderes Stockwerk

25 Ihre fünfjährige Nichte wünscht sich eine Puppe.

- **a** 2. OG
- **b** EG
- **c** anderes Stockwerk

Möbelhaus Ansbach – Wegweiser

4. OG	Restaurant und Café – Sonnenterrasse – Kunden-WC und Baby-Wickelraum – Zugang zum Parkhaus
3. OG	Schreibtische – Computertische – Büroschränke und Regalsysteme – Bürostühle – Papierkörbe – Schreibtischlampen – Steckdosen und Kabel
2. OG	Kinder- und Jugendmöbel – Kinderspielzeug – Bücherregale – Sofas und Sessel – Couchtische – Fernsehwände – Garderoben – Kleiderschränke – Betten – Kommoden – Nachtschränke – Matratzen – Teppiche – Lampen
1. OG	Küchenmöbel – Spülen, Einbauherde und Kühlschränke – Küchengeräte – Esstische – Geschirr und Besteck – Glas und Porzellan – Waschbecken – Badezimmermöbel – Badzubehör
EG	Spiegel – Bilder und Rahmen – Geschenkpapier und -karten – Kassen – Information – Umtausch und Reklamation – Getränkeautomat (Heiß- und Kaltgetränke) – Geldautomat
UG	Kinderland: Kinderbetreuung (3 bis 10 Jahre) – Möbel für draußen – Grills – Deko für Garten und Terrasse – Pflanzen und Blumentöpfe – Pausenraum und Teeküche für Mitarbeiter – Schließfächer

Lesen Teil 2

Lesen Sie die Situationen 26–30 und die Anzeigen a–h. Finden Sie für jede Situation die passende Anzeige. Markieren Sie Ihre Lösungen für die Aufgaben 26–30 auf dem Antwortbogen. Für eine Aufgabe gibt es keine Lösung. Markieren Sie in diesem Fall ein **X**.

26 Ein Freund hat früher in einem Café gearbeitet und sucht eine Teilzeitstelle.

27 Ihre Nichte geht noch zur Schule. Sie möchte Krankenschwester werden und erste praktische Berufserfahrungen sammeln.

28 Ein Nachbar ist Krankenpfleger und sucht eine neue Stelle. Er hat mehrere Jahre Berufserfahrung.

29 Eine 16-jährige Bekannte sucht Informationen über Berufe. Sie interessiert sich für Reisen.

30 Eine Freundin ist seit Jahren mit ihrer Arbeit als Sekretärin unzufrieden. Sie möchte sich weiterbilden und braucht Informationen.

a

Verstärkung gesucht!

Wir stellen neue Mitarbeiter (m/w/d) für Küche und Service ein.

Arbeitszeit: 20 Stunden pro Woche

Sie passen zu uns, wenn Sie Erfahrung in der Gastronomie haben, gerne im Team arbeiten und gut mit Menschen umgehen können.

Wie freuen uns auf Ihre Bewerbung!

Restaurant Mathilda, Löwenweg 12, 42659 Solingen

b

Berufe mit Zukunft

Sie wünschen sich einen sicheren Job und haben Freude am Umgang mit Menschen? Sie möchten sich bald um einen Ausbildungsplatz bewerben? In der Pflege gibt es viele Möglichkeiten.
Bei dieser Informationsveranstaltung für Schülerinnen und Schüler können Sie die verschiedenen Berufe in der Pflege wie Kranken- oder Altenpfleger kennenlernen.
Montag, 22.9., 10–13 Uhr, Agentur für Arbeit Uslar

c

Englisch für den Beruf

Sie möchten in einer internationalen Firma arbeiten und brauchen für Kundenkontakte und Telefongespräche Englischkenntnisse auf Niveau B2?

Dann melden Sie sich für unseren Kurs „Business English" an. Es gibt nur noch wenige freie Plätze.

Fr. 06.05., 18 bis 20 Uhr
Sa 07.05., 10 bis 17 Uhr

Kursgebühr: 60,00 €
Volkshochschule Nieder-Eschbach, Homburger Landstraße 8, 60437 Frankfurt

d

Reisebüro Friesinger in Bonn sucht:
Mitarbeiterin (m/w/d) in Teilzeit
20 Stunden pro Woche

Wenn Sie

- **eine Ausbildung als Tourismuskauffrau/-mann**
- sowie mindestens zwei Jahre Berufserfahrung haben,
- Englisch und vielleicht noch eine weitere Sprache sprechen
- und gerne Kunden beraten,

dann bewerben Sie sich!

Schicken Sie Ihre vollständigen Bewerbungsunterlagen an:

Reisebüro Friesinger
z.H. Britta Hombach
Elisabethenstr. 8
53177 Bonn

e

Zeit für einen Neustart

Haben Sie keine Freude mehr an Ihrem Bürojob? Oder suchen Sie nach neuen Chancen?

Wir beraten Sie, wenn Sie

- sich fortbilden
- sich beruflich verändern
- oder eine zweite Ausbildung machen möchten.

Termin für eine kostenlose Beratung:
0801 34 43 90 54
Agentur für berufliche Neuorientierung Rhein-Main, Hanauer Landstr. 41,
60134 Frankfurt

f

Mendler Reisen ist einer der führenden Reiseanbieter in Deutschland. Wir bieten eine **Ausbildung zum Tourismuskaufmann / zur Tourismuskauffrau** an. Dabei lernen Sie u.a., Kunden zu Reisezielen zu beraten, Angebote zu erstellen und Dienstreisen für Firmenkunden zu planen.

Voraussetzungen:
Realschulabschluss
gute Englischkenntnisse
Flexibilität, Offenheit und Teamfähigkeit

Bewerben Sie sich über unsere Webseite:
www.mendler-reisen.de/bewerbung
Mendler Reisen Deutschland GmbH

g

Sie würden gerne den **Berufsalltag im Krankenhaus** kennenlernen? Wir bieten Schülerpraktika in der Pflege an.

Mindestalter: 15 Jahre zu Beginn des Praktikums

Mindestdauer: 2 Wochen

Bitte senden Sie uns folgende Bewerbungsunterlagen per E-Mail zu:

- Bewerbungsschreiben mit Angabe des Zeitraums
- Lebenslauf
- Kopie des letzten Schulzeugnisses

Kontakt:
Stefanie Linder
Pflege- und Stationsmanagement
E-Mail: s.linder@kreiskrankenhaus-landau.com

h

Beruflicher Neubeginn

Du bist begeistert von fernen Ländern und anderen Kulturen? Dann ist ein **Job im Tourismus** vielleicht das Richtige für dich. An unserem Infotag erfährst du alles über die verschiedenen Ausbildungen:

Tourismuskaufmann/-frau
Hotelkaufmann/-frau
Luftverkehrskaufmann/-frau
Reiseverkehrskaufmann/-frau

Außerdem bekommst du Infos zu Ausbildungsplätzen und Tipps für die Bewerbung.

Infotag „Ausbildung im Tourismus“

Samstag, 15.9., 10 bis 16 Uhr

Kongresshalle
Friedrichstr. 71
46119 Oberhausen

Lesen Teil 3

Lesen Sie die drei Texte. Zu jedem Text gibt es zwei Aufgaben. Entscheiden Sie bei jedem Text, ob die Aussage richtig oder falsch ist und welche Antwort (a, b oder c) am besten passt. Markieren Sie Ihre Lösungen für die Aufgaben 31–36 auf dem Antwortbogen.

Radfahren in Städten

Fahrradfahren hat viele Vorteile. Es ist gesund und umweltfreundlich, und in der Stadt ist man mit dem Fahrrad meistens schneller als mit Straßenbahn, Bus oder Auto. Auf deutschen Straßen sind heute sehr viele Radfahrer unterwegs: Allein in Berlin sind es jetzt doppelt so viele wie vor zehn Jahren. Verkehrsexperten weisen darauf hin, dass mehr Radwege und Abstellplätze benötigt werden. Laut einer Umfrage halten es 85 % der Radfahrer manchmal für gefährlich, im Innenstadtverkehr zu fahren. „Die Politik muss für mehr Geld sorgen", fordert Wolfgang Loewe vom Fahrradclub ADFC. Denn nur so können die Städte fahrradfreundlicher werden.

31 In Deutschland benutzen immer mehr Leute das Fahrrad.
richtig / falsch?

32 In Innenstädten

a braucht man mit dem Rad oft weniger Zeit als mit dem Pkw.
b fühlen sich Radfahrer normalerweise sicher.
c gibt es genug Wege für Radfahrer.

Liebe Nachbarinnen und Nachbarn,

in einem Monat ist es wieder so weit: Am Samstag, den 30. August, um 14 Uhr beginnt unser Sommerfest. Wir feiern wie jedes Jahr im Wiesen-Park.

Ihr seid alle herzlich eingeladen! Es gibt Live-Musik und auch für die Kleinen haben wir ein buntes Programm. Speisen und Getränke sind wie immer kostenlos. Für die Getränke sorgen wir. Aber über eine Kuchen- oder Salatspende würden wir uns freuen.

Noch eine Bitte: Wir suchen Leute, die uns bei den Vorbereitungen oder beim Aufräumen nach dem Fest unterstützen. Wenn ihr Zeit dafür habt, meldet euch bitte.

Euer Nachbarschaftsverein

33 Das Sommerfest findet zum ersten Mal statt.
richtig / falsch?

34 Die Nachbarn sollen

a Bescheid sagen, wenn sie bei dem Fest helfen können.
b etwas zu trinken für das Fest besorgen.
c für das Essen auf dem Fest bezahlen.

Sehr geehrte Frau Küfer,

seit drei Jahren haben Sie einen Kabelanschluss bei KabelPlus Deutschland und können mehr als 120 TV-Sender nutzen.

Leider müssen wir zum 1. Juni unseren Preis auf monatlich 25,99 € erhöhen. Wenn Sie damit nicht einverstanden sind, können Sie den Vertrag zum 31.5. beenden. Dafür müssen Sie uns Ihre schriftliche Kündigung schicken. Ansonsten läuft Ihr Vertrag noch bis zum 31.12. und verlängert sich dann automatisch um ein weiteres Jahr.

Wir hoffen, dass Sie uns treu bleiben! Wenn Sie Fragen haben, rufen Sie uns einfach an:
0800 45 99 55 99.

Mit freundlichen Grüßen
Ihre KabelPlus Deutschland GmbH

35 Für Kabelfernsehen soll Frau Küfer bald mehr zahlen.
richtig / falsch?

36 Frau Küfer

- **a** darf den Vertrag zum Ende des Monats Mai kündigen.
- **b** hat den Vertrag zum 31.12. gekündigt.
- **c** kann den Vertrag telefonisch kündigen.

Lesen Teil 4

Lesen Sie den Text. Entscheiden Sie, ob die Aussagen 37–39 richtig oder falsch sind.
Markieren Sie Ihre Lösungen für die Aufgaben 37–39 auf dem Antwortbogen.

Reisegepäckversicherung
Informationsblatt
Taler Versicherung AG

Schützen Sie Ihr Gepäck vor Diebstahl und Schäden.

Das leistet unsere Reisegepäckversicherung:

- Wenn Ihr Reisegepäck auf einer Reise gestohlen wird, ersetzen wir Ihnen die Kosten. Auch Reisegepäck in einem abgestellten Kraftfahrzeug ist versichert.
- Auch wenn Ihr Reisegepäck während einer Reise beschädigt wird, ersetzen wir Ihnen die Kosten für die Reparatur.
- Falls Ihr Reisegepäck mit einer Verspätung von mindestens 12 Stunden am Flughafen ankommt, erhalten Sie bis zu 250 € für die Gegenstände, die Sie sich neu kaufen müssen. Ersatzkäufe müssen Sie durch Rechnungen belegen.

Welche Gegenstände sind gegen Diebstahl und Schäden versichert?

Versichert ist Ihr Reisegepäck. Dazu gehören Ihre persönlichen Reisegegenstände, Sportgeräte wie Fahrrad, Skier oder Surfbrett sowie Geschenke und Souvenirs.

Es gibt aber auch Risiken, die diese Reisegepäckversicherung nicht enthält. So ist zum Beispiel der Verlust von Bargeld und Fahrkarten nicht versichert. Weitere Informationen hierzu finden Sie in unseren Versicherungsbedingungen.

Wie lange gilt der Versicherungsschutz?

Ihr Versicherungsschutz beginnt am ersten Reisetag. Ihr Versicherungsschutz endet zum vereinbarten Zeitpunkt bzw. wenn Sie Ihre Reise beendet haben. Der Versicherungsschutz gilt bei Reisen mit einer Dauer von bis zu 365 Tagen.

Versicherungssumme

Reisegepäck ist bis zum Wert von 2000 € versichert. Laptops und Zubehör, Sportgeräte, Video- und Fotoapparate sowie Schmuck sind bis zu 50 % der Versicherungssumme versichert.

Laufzeit und Bezahlung

Die Vertragsdauer ist ein Jahr. Der gesamte Jahresbeitrag ist gleich zu Versicherungsbeginn fällig. Wenn der Versicherungsvertrag nicht spätestens einen Monat vor Ablauf gekündigt wird, verlängert er sich jeweils um ein Jahr.

37 Wenn Sie Ihr Zugticket verlieren, bekommen Sie Geld.
richtig / falsch?

38 Auch bei einer Reise von drei Monaten ist man versichert.
richtig / falsch?

39 Wer einen Vertrag abschließt, muss sofort den Beitrag für 12 Monate zahlen.
richtig / falsch?

Lesen Teil 5

Lesen Sie den Text und schließen Sie die Lücken 40–45. Welche Lösung (a, b oder c) passt am besten? Markieren Sie Ihre Lösungen für die Aufgaben 40–45 auf dem Antwortbogen.

Elektroversand Schäfer GmbH
Postfach 122303
34121 Kassel

Sehr ___**0**___ Damen und Herren,

vor zwei Wochen habe ich bei ___**40**___ einen Kühlschrank bestellt, und heute wurde er geliefert. ___**41**___ gibt es Probleme. Ich habe das Gerät in meiner Küche angeschlossen, aber das Licht im Kühlschrank geht nicht an, ___**42**___ man die Kühlschranktür öffnet. Mir ist auch aufgefallen, ___**43**___ die Temperatur im Kühlschrank zu hoch ist.

Ich möchte Sie deshalb bitten, den kaputten Kühlschrank wieder bei ___**44**___ abzuholen und einen Ersatz zu liefern. Es ist wichtig, dass ich schnell ein anderes Gerät bekomme. ___**45**___ Sie mich bitte anrufen, um einen Termin für die neue Lieferung zu vereinbaren? Vielen Dank!

Mit freundlichen Grüßen

Susanne Heinrich

Beispiel

0 **a** freundliche
b geehrte
c herzliche

☐ a ☒ b ☐ c

40 **a** euch
b Ihnen
c ihr

41 **a** Gerne
b Leider
c Zum Glück

42 **a** bevor
b damit
c wenn

43 **a** dass
b obwohl
c wenn

44 **a** dir
b ihm
c mir

45 **a** Könnten
b Müssten
c Sollten

Schreiben

Wählen Sie Aufgabe A **oder** Aufgabe B. Zeigen Sie, was Sie können. Schreiben Sie möglichst viel. Schreiben Sie Ihren Text auf den Antwortbogen.

Aufgabe A

In dem Haus, in dem Sie wohnen, wurden neue Türklingeln eingebaut. Leider sind sie sehr weit oben. Schreiben Sie eine E-Mail an den Hausmeister.

Schreiben Sie etwas zu folgenden Punkten:

- Grund für Ihr Schreiben
- Problem für Kinder
- Lösung vorschlagen
- andere Probleme im Haus

oder

Aufgabe B

Sie haben einen Termin für ein Gespräch bei der Agentur für Arbeit. Aus einem wichtigen Grund können Sie zu diesem Termin nicht kommen. Schreiben Sie an Frau Klasen von der Agentur für Arbeit.

Schreiben Sie etwas zu folgenden Punkten:

- wann Ihr Termin ist
- Thema des Gesprächs
- warum Sie nicht können
- neuer Termin

Sprechen Teil 1

Über sich sprechen

Teilnehmer/in A und B

Name

Geburtsort

Wohnort

Arbeit / Beruf

Familie

Sprachen

Das sagt der Prüfer oder die Prüferin:

– *Würden Sie sich bitte vorstellen?*

– *Erzählen Sie bitte etwas über sich.*

Sprechen Teil 2

Über Erfahrungen sprechen

Teilnehmer/in A

Das sagt der Prüfer oder die Prüferin:

Teil 2 A

Sie haben in einer Zeitschrift ein Foto gefunden. Berichten Sie Ihrer Gesprächspartnerin oder Ihrem Gesprächspartner kurz:

– Was sehen Sie auf dem Foto?

– Was für eine Situation zeigt dieses Bild?

Teil 2 B

Unterhalten Sie sich jetzt über das Thema „Auto fahren". Erzählen Sie bitte: Welche Erfahrungen haben Sie damit?

Prüferfragen Stufe A2

- *Fahren Sie lieber mit dem Auto oder mit Bus und Bahn? Warum?*
- *Man sagt, dass die Deutschen viel Auto fahren. Wie ist das in ...: Fahren die Leute viel Auto? Oder kann man gut ohne Auto leben?*
- *Wo ist es einfach, ohne Auto zu leben, und warum? Wo nicht?*

Prüferfragen Stufe B1

- *Welche Vorteile hat das Autofahren? Welche Nachteile?*
- *Autos sind nicht gut für die Umwelt. Was muss sich ändern, damit die Leute weniger Auto fahren?*
- *Manche Leute teilen sich Ihr Auto mit Nachbarn oder Freunden. Können Sie sich das auch vorstellen? Warum (nicht)?*

Sprechen Teil 2

Über Erfahrungen sprechen

Teilnehmer/in **B**

Das sagt der Prüfer oder die Prüferin:

Teil 2 A

Sie haben in einer Zeitschrift ein Foto gefunden. Berichten Sie Ihrer Gesprächspartnerin oder Ihrem Gesprächspartner kurz:

– Was sehen Sie auf dem Foto?

– Was für eine Situation zeigt dieses Bild?

Teil 2 B

Unterhalten Sie sich jetzt über das Thema „Auto fahren". Erzählen Sie bitte: Welche Erfahrungen haben Sie damit?

Prüferfragen Stufe A2

- *Fahren Sie lieber mit dem Auto oder mit Bus und Bahn? Warum?*
- *Man sagt, dass die Deutschen viel Auto fahren. Wie ist das in …: Fahren die Leute viel Auto? Oder kann man gut ohne Auto leben?*
- *Wo ist es einfach, ohne Auto zu leben, und warum? Wo nicht?*

Prüferfragen Stufe B1

- *Welche Vorteile hat das Autofahren? Welche Nachteile?*
- *Autos sind nicht gut für die Umwelt. Was muss sich ändern, damit die Leute weniger Auto fahren?*
- *Manche Leute teilen sich Ihr Auto mit Nachbarn oder Freunden. Können Sie sich das auch vorstellen? Warum (nicht)?*

Sprechen Teil 3

Gemeinsam etwas planen

Teilnehmer/in A und B

Situation:

Sie möchten am Wochenende gemeinsam wandern gehen.

Aufgabe:

Planen Sie gemeinsam, was Sie tun wollen. Hier haben Sie einige Notizen:

- Wohin?
- Anreise?
- Wer kommt mit?
- Übernachtung?
- Was muss man mitnehmen?
- ...?

4123456-1-1234

Name: Mustermann

Vorname: Max-Moritz

Testbogennummer: 4 1 2 3 4 5 6 Geburtsdatum: 1 9 7 6 - 0 9 - 2 0
Jahr Monat Tag

Prüfungsdatum: 2 0 2 3 - 0 1 - 0 8 - V

Prüfstelle: Musterstadt, Musterprüfstelle

Standort: Musterort

Mit meiner Unterschrift bestätige ich, dass meine persönlichen Angaben auf diesem Blatt korrekt sind. Über nicht korrekte Daten habe ich die Aufsichtsperson informiert.

____

Datum, Unterschrift

Bitte markieren Sie die richtige Antwort mit einem **schwarzen oder blauen** Kugelschreiber!

Markieren Sie so: ☒ NICHT so:

Wenn Sie **korrigieren** möchten, füllen Sie das falsch markierte Feld ganz aus: ■ und kreuzen dann das richtige Feld an: ☒

Schriftliche Prüfung

1 Hören

Teil 1

1	☐ a	☐ b	☐ c	1
2	☐ a	☐ b	☐ c	2
3	☐ a	☐ b	☐ c	3
4	☐ a	☐ b	☐ c	4

Teil 2

5	☐ a	☐ b	☐ c	5
6	☐ a	☐ b	☐ c	6
7	☐ a	☐ b	☐ c	7
8	☐ a	☐ b	☐ c	8
9	☐ a	☐ b	☐ c	9

Teil 3

10	☐ richtig		☐ falsch	10
11	☐ a	☐ b	☐ c	11
12	☐ richtig		☐ falsch	13
13	☐ a	☐ b	☐ c	13
14	☐ richtig		☐ falsch	14
15	☐ a	☐ b	☐ c	15
16	☐ richtig		☐ falsch	16
17	☐ a	☐ b	☐ c	17

Teil 4

18	☐ a	☐ b	☐ c	☐ d	☐ e	☐ f	18
19	☐ a	☐ b	☐ c	☐ d	☐ e	☐ f	19
20	☐ a	☐ b	☐ c	☐ d	☐ e	☐ f	20

2 Lesen

Teil 1

21	☐ a	☐ b	☐ c	21
22	☐ a	☐ b	☐ c	22
23	☐ a	☐ b	☐ c	23
24	☐ a	☐ b	☐ c	24
25	☐ a	☐ b	☐ c	25

Teil 2

26	☐ a	☐ b	☐ c	☐ d	☐ e	☐ f	☐ g	☐ h	☐ x	26
27	☐ a	☐ b	☐ c	☐ d	☐ e	☐ f	☐ g	☐ h	☐ x	27
28	☐ a	☐ b	☐ c	☐ d	☐ e	☐ f	☐ g	☐ h	☐ x	28
29	☐ a	☐ b	☐ c	☐ d	☐ e	☐ f	☐ g	☐ h	☐ x	29
30	☐ a	☐ b	☐ c	☐ d	☐ e	☐ f	☐ g	☐ h	☐ x	30

Teil 3

31	☐ richtig	☐ falsch		31
32	☐ a	☐ b	☐ c	32
33	☐ richtig	☐ falsch		33
34	☐ a	☐ b	☐ c	34
35	☐ richtig	☐ falsch		35
36	☐ a	☐ b	☐ c	36

Teil 4

37	☐ richtig	☐ falsch	37
38	☐ richtig	☐ falsch	38
39	☐ richtig	☐ falsch	39

Teil 5

40	☐ a	☐ b	☐ c	40
41	☐ a	☐ b	☐ c	41
42	☐ a	☐ b	☐ c	42
43	☐ a	☐ b	☐ c	43
44	☐ a	☐ b	☐ c	44
45	☐ a	☐ b	☐ c	45

Bitte markieren Sie die richtige Antwort mit einem **schwarzen oder blauen** Kugelschreiber!

Markieren Sie so: ☒ NICHT so: ☐ ☒ ☒ ☑ ⊡

Wenn Sie **korrigieren** möchten, füllen Sie das falsch markierte Feld ganz aus: ■ und kreuzen dann das richtige Feld an: ☒

3 Schreiben

Welche Aufgabe haben Sie bearbeitet? ☐ A ☐ B

Bewertungskriterien „Schreiben“

Im Subtest „Schreiben“ wird die Schreibleistung der Teilnehmer und Teilnehmerinnen beurteilt. Dabei wird zwischen inhaltsbezogenen und sprachbezogenen Kriterien unterschieden. Während anhand der ersteren bewertet wird, inwiefern die gestellte Aufgabe bewältigt wurde, basieren die sprachbezogenen Kriterien auf dem *Gemeinsamen europäischen Referenzrahmen für Sprachen* und auf *Profile deutsch*[1]. Folgende Kriterien werden berücksichtigt:

I Aufgabenbewältigung

Sprachliche Angemessenheit

II Kommunikative Gestaltung

III Korrektheit

IV Wortschatz

Inhaltliche Angemessenheit

	5 Punkte	4 Punkte	3 Punkte	2 Punkte	1 Punkt	0 Punkte*
I Aufgabenbewältigung	Alle vier Leitpunkte inhaltlich präzise bearbeitet.	Alle vier Leitpunkte bearbeitet, Kooperation des Lesers erforderlich. Oder: Drei Leitpunkte angemessen bearbeitet.	Drei Leitpunkte bearbeitet, Kooperation des Lesers erforderlich. Oder: Zwei Leitpunkte angemessen bearbeitet.	Zwei Leitpunkte bearbeitet, Kooperation des Lesers erforderlich. Oder: Ein Leitpunkt angemessen bearbeitet.	Nur ein Leitpunkt bearbeitet, Kooperation des Lesers erforderlich.	Keiner der Leitpunkte ist bearbeitet oder das Thema/die Situierung ist verfehlt (z. B. missverstanden).

*Hat der Text mit dem Schreibanlass keine oder kaum eine Verbindung, muss bei allen Kriterien „0“ vergeben werden.

[1] *Gemeinsamer europäischer Referenzrahmen für Sprachen: lernen, lehren, beurteilen,* herausgegeben vom Europarat, Straßburg 2001; M. Glaboniat u. a., Profile deutsch, Berlin, München 2005.

Sprachliche Angemessenheit

	B1	A2	A1
II Kommunikative Gestaltung	Kann ein breites Spektrum von Sprachfunktionen realisieren und auf sie reagieren, indem er/sie die dafür gebräuchlichsten Redemittel (z. B. Höflichkeitsformeln) benutzt. Kann eine Reihe kurzer und einfacher Einzelelemente zu einer linearen, zusammenhängenden Äußerung verbinden.	Kann elementare Sprachfunktionen anwenden, z. B. auf einfache Art Informationen austauschen, Bitten vorbringen, Meinungen und Einstellungen ausdrücken. Kann die häufigsten Konnektoren *(und, aber, weil)* benutzen, um einfache Sätze und Wortgruppen miteinander zu verbinden.	Kann einen elementaren sozialen Kontakt herstellen, indem er/sie die einfachsten alltäglichen Höflichkeitsformeln zur Begrüßung und Verabschiedung benutzt. Kann Wörter oder Wortgruppen durch sehr einfache Konnektoren wie *und* oder *dann* verbinden.
III Korrektheit	Im Allgemeinen gute Beherrschung der grammatischen Strukturen trotz deutlicher Einflüsse der Muttersprache. Zwar kommen Fehler vor, aber es bleibt klar, was ausgedrückt werden soll. Rechtschreibung, Zeichensetzung und Gestaltung sind exakt genug, sodass man sie meistens verstehen kann.	Kann einige einfache Strukturen korrekt verwenden, macht aber noch systematisch elementare Fehler, hat z. B. die Tendenz, Zeitformen zu vermischen oder zu vergessen, die Subjekt-Verb-Kongruenz zu markieren; trotzdem wird in der Regel klar, was er/sie ausdrücken möchte. Kann kurze Wörter aus seinem mündlichen Wortschatz „phonetisch" einigermaßen akkurat schriftlich wiedergeben.	Zeigt nur eine begrenzte Beherrschung einiger weniger einfacher grammatischer Strukturen und Satzmuster in einem auswendig gelernten Repertoire. Kann vertraute Wörter und kurze Redewendungen abschreiben.
IV Wortschatz	Verfügt über einen ausreichend großen Wortschatz, um sich mithilfe von einigen Umschreibungen über die meisten Themen des eigenen Alltagslebens äußern zu können. Zeigt eine gute Beherrschung des Grundwortschatzes, macht aber noch elementare Fehler, wenn es darum geht, komplexere Sachverhalte auszudrücken.	Verfügt über einen ausreichenden Wortschatz, um in vertrauten Situationen und in Bezug auf vertraute Themen routinemäßige alltägliche Angelegenheiten zu erledigen. Beherrscht einen begrenzten Wortschatz im Zusammenhang mit konkreten Alltagsbedürfnissen.	Verfügt über einen elementaren Vorrat an einzelnen Wörtern und Wendungen, die sich auf bestimmte konkrete Situationen beziehen. Beherrscht einzelne Wörter und kurze Sätze im Zusammenhang mit konkreten Alltagsbedürfnissen.

Nach diesen Kriterien wurden auch die beiden authentischen Schreibleistungen in Lektion 10 bewertet. Hier finden Sie die Bewertung und den Kommentar zur Begründung der Bewertung.

Bewertung Schreibleistung 1

I Aufgabenbewältigung	Alle 4 Leitpunkte wurden bearbeitet, der erste Leitpunkt ist allerdings nur mit Kooperation des Lesers verständlich.	4 Punkte
II Kommunikative Gestaltung	Der TN verwendet einfache Strukturen, v.a. Hauptsätze. Die Anrede „Sehr geehrte Damen und Herren" ist an dieser Stelle eher ungewöhnlich, da man davon ausgeht, dass sich die Eltern der Schülerinnen und Schüler normalerweise untereinander kennen. Zudem springt die Anrede dann in die „ihr"-Form („euere Besuch"). Ein Wechsel im Register führt zu einer Abwertung der Schreibleistung.	3 Punkte
III Korrektheit	Der Text enthält mehrere Fehler in vorwiegend einfachen Strukturen.	3 Punkte
IV Wortschatz	Der Text ist recht kurz und enthält insgesamt wenig eigenen Wortschatz, da viel aus der Aufgabenstellung übernommen wurde. Bei eigenen Formulierungen kommt es zu Fehlversuchen („befindet sich ... statt" / „das ganze mit uns teil nehmen").	3 Punkte

Insgesamt erhält der TN in der Bewertung 13 Punkte und hat somit das Niveau A2 im Teilergebnis Schreiben erreicht (s. Abschnitt „Ermittlung des Teilergebnisses ‚Schreiben'").

Bewertung Schreibleistung 2

I Aufgabenbewältigung	Alle vier Leitpunkte wurden inhaltlich angemessen bearbeitet, es ist keine Kooperation des Lesers nötig.	5 Punkte
II Kommunikative Gestaltung	Der Text liest sich flüssig, die einzelnen Elemente sind gut miteinander verknüpft. Die Satzanfänge variieren. Die Anrede „Sehr geehrte Damen und Herren" ist an dieser Stelle eher ungewöhnlich, da man davon ausgeht, dass sich die Eltern der Schülerinnen und Schüler normalerweise untereinander kennen, daher erreicht der TN hier nicht die volle Punktzahl.	4 Punkte
III Korrektheit	Der TN zeigt eine gute Beherrschung der grammatischen Strukturen. Es gibt trotzdem kleine Fehler, die aber weniger stören.	4 Punkte
IV Wortschatz	Der Wortschatz orientiert sich zwar an der Aufgabe, er wird aber gut variiert und sinnvoll eingesetzt.	4 Punkte

Insgesamt erhält der TN in der Bewertung 17 Punkte und hat somit das Niveau B1 im Teilergebnis Schreiben erreicht (s. Abschnitt „Ermittlung des Teilergebnisses ‚Schreiben'").

Bewertungskriterien „Sprechen“

Im Subtest „Sprechen“ wird die mündliche Sprachkompetenz der Teilnehmer und Teilnehmerinnen beurteilt. Dabei wird zwischen aufgabenbezogenen und sprachbezogenen Kriterien unterschieden. Die Kriterien basieren auf dem *Gemeinsamen europäischen Referenzrahmen für Sprachen* und auf *Profile deutsch*. Folgende Kriterien werden berücksichtigt:

Inhaltliche Angemessenheit

I Aufgabenbewältigung

Sprachliche Angemessenheit

II Aussprache / Intonation
III Flüssigkeit
IV Korrektheit
V Wortschatz

Der Subtest „Sprechen“ besteht aus fünf Teilaufgaben. Bei jeder Teilaufgabe wird bewertet, inwiefern das Kriterium der Aufgabenbewältigung erfüllt wurde. Dagegen beziehen sich die Kriterien II–V auf die gesamte mündliche Leistung, die die Teilnehmer und Teilnehmerinnen während des Prüfungsgesprächs (Teil 1–3) erbringen.

Inhaltliche Angemessenheit

		B1	A2	A1
I Aufgabenbewältigung	**Teil 1A**	Kann sich vorstellen und dabei auch detailliertere Informationen vortragen.	Kann sich vorstellen und dabei knappere, allgemeine Informationen geben.	Kann sich vorstellen und dabei Informationen unverbunden vortragen.
	Teil 1B	Kann auf Nachfragen relativ spontan und ausführlich antworten.	Kann auf Nachfragen knapp und / oder nur teilweise verständlich antworten.	Kann auf Nachfragen, die langsam, deutlich und in direkter, nicht idiomatischer Sprache gestellt sind, mit einzelnen Wörtern oder auswendig gelernten Wendungen antworten.
	Teil 2A	Kann die Hauptinhalte eines Fotos und auch Einzelheiten benennen.	Kann die Hauptinhalte eines Fotos knapp und sehr allgemein benennen.	Kann die Hauptinhalte eines Fotos in sehr wenigen Worten andeuten.
	Teil 2B	Kann auf Nachfrage über eigene Erfahrungen teilweise detailliert berichten.	Kann auf Nachfrage über eigene Erfahrungen knapp und allgemein berichten.	Kann auf Nachfrage mit einzelnen Wörtern und sehr knappen Äußerungen antworten.
	Teil 3	Kann ein Gespräch beginnen und in Gang halten. Kann im Gespräch spontan etwas planen, Ideen und Meinungen mitteilen, Vorschläge machen, auf solche reagieren.	Kann Fragen stellen und beantworten, versteht aber kaum genug, um selbst das Gespräch in Gang zu halten. Kann sich an einem Planungsgespräch beteiligen, Ideen, Meinungen und Vorschläge auf einfache Weise ausdrücken.	Ist darauf angewiesen, dass Dinge langsamer wiederholt, umformuliert oder korrigiert werden. Kann einfachste Fragen stellen, Ideen und Meinungen stichwortartig andeuten.

		B1	A2	A1
II Aussprache/Intonation	Teil 1–3	Spricht **gut verständlich,** auch wenn ein fremdsprachiger Akzent teilweise offensichtlich ist und manchmal etwas falsch ausgesprochen wird.	Spricht **im Allgemeinen klar genug,** um trotz eines merklichen Akzents verstanden zu werden; manchmal wird aber der Gesprächspartner um Wiederholung bitten müssen.	Seine/Ihre Aussprache eines sehr begrenzten Repertoires auswendig gelernter Wörter und Redewendungen kann **mit einiger Mühe** von Muttersprachlern verstanden werden, wenn diese den Umgang mit Sprechern aus der Sprachengruppe des Nicht-Muttersprachlers gewöhnt sind.
III Flüssigkeit	Teil 1–3	Kann sich **ohne viel Stocken** verständlich ausdrücken, **obwohl er/sie deutliche Pausen macht,** um die Äußerungen grammatisch und in der Wortwahl zu planen oder zu korrigieren, vor allem, wenn er/sie länger frei spricht.	Kann ohne große Mühe Redewendungen über ein vertrautes Thema zusammenstellen, um kurze Gespräche zu meistern, obwohl er/sie ganz offensichtlich **häufig stockt** und neu ansetzen muss.	Kann **sehr kurze, isolierte und meist vorgefertigte Äußerungen benutzen, macht dabei aber viele Pausen,** um nach Ausdrücken zu suchen, weniger vertraute Wörter zu artikulieren und Abbrüche in der Kommunikation zu reparieren.
IV Korrektheit	Teil 1–3	Kann sich in vertrauten Situationen ausreichend korrekt verständigen; **im Allgemeinen gute Beherrschung der grammatischen Strukturen** trotz deutlicher Einflüsse der Muttersprache. Zwar kommen Fehler vor, aber es bleibt klar, was ausgedrückt werden soll.	Kann einige einfache grammatische Strukturen korrekt verwenden, macht aber noch systematisch **elementare Fehler,** hat z.B. die Tendenz, Zeitformen zu vermischen oder zu vergessen, die Subjekt-Verb-Kongruenz zu markieren; trotzdem wird in der Regel klar, was er/sie ausdrücken möchte.	Zeigt nur eine **begrenzte Beherrschung einiger weniger einfacher grammatischer Strukturen** und Satzmuster in einem auswendig gelernten Repertoire.
V Wortschatz	Teil 1–3	Verfügt über einen ausreichend großen Wortschatz, um sich mithilfe von einigen Umschreibungen über die meisten Themen des eigenen Alltagslebens äußern zu können. Zeigt eine **gute Beherrschung des Grundwortschatzes,** macht aber noch elementare Fehler, wenn es darum geht, komplexere Sachverhalte auszudrücken oder wenig vertraute Themen und Situationen zu bewältigen.	Verfügt über genügend Wortschatz, um einfache Grundbedürfnisse befriedigen zu können. Beherrscht einen **begrenzten Wortschatz** in Zusammenhang mit konkreten Alltagsbedürfnissen.	Verfügt über einen elementaren Vorrat an einzelnen Wörtern und Wendungen, die sich auf bestimmte konkrete Situationen beziehen. Beherrscht **einzelne Wörter und kurze Sätze** in Zusammenhang mit konkreten Alltagsbedürfnissen.

Punkte und Teilergebnisse

Entscheidend für den Prüfungserfolg sind die Teilergebnisse folgender Subtests:

1 Hören / Lesen
2 Schreiben
3 Sprechen

1. Ermittlung des Teilergebnisses „Hören / Lesen“

Die Subtests „Hören“ und „Lesen“ bestehen aus insgesamt 45 Aufgaben. Für jede richtig gelöste Aufgabe erhalten die Teilnehmer bzw. Teilnehmerinnen einen Punkt, sodass eine maximale Punktzahl von 45 erreicht werden kann.

Für das Erreichen der Stufen A2 und B1 gilt:

Punkte	**Stufen nach GER**
33–45	B1
20–32	A2
0–19	unter A2

2. Ermittlung des Teilergebnisses „Schreiben“

Die Bewertung des Subtests „Schreiben“ erfolgt durch lizenzierte Bewerter und Bewerterinnen gemäß den Kriterien auf Seite 144–145. Bei den Stufen B1 und A2 besteht die Möglichkeit, zu unterscheiden, ob die Kriterien „gut erfüllt“ oder „erfüllt“ wurden. Wichtig ist aber stets, dass die Bewerter und Bewerterinnen ihr Urteil kriterienbasiert und nicht nach Punktwerten fällen.

	B1		**A2**		**A1**	**0**
	gut erfüllt	**erfüllt**	**gut erfüllt**	**erfüllt**	**erfüllt**	
I Inhalt	5	4	3	2	1	0
II Kommunikative Gestaltung	5	4	3	2	1	0
III Korrektheit	5	4	3	2	1	0
IV Wortschatz	5	4	3	2	1	0
Summe	20	16	12	8	4	0
Anteil	100 %	80 %	60 %	40 %	20 %	0 %

Für das Erreichen der Stufen A2 und B1 gilt:

Punkte	**Stufen nach GER**
15–20	B1
7–14	A2
0–6	unter A2

3. Ermittlung des Teilergebnisses „Sprechen“

Die Bewertung des Subtests „Sprechen“ erfolgt durch zwei lizenzierte Prüfer bzw. Prüferinnen gemäß den Kriterien auf Seite 147–148. Bei den Stufen B1 und A2 besteht die Möglichkeit zu unterscheiden, ob die Kriterien „gut erfüllt“ oder „erfüllt“ wurden. Wichtig ist aber stets, dass die Prüfer bzw. Prüferinnen ihr Urteil kriterienbasiert und nicht nach Punktwerten fällen.

	B1		**A2**		**A1**	**0**
	gut erfüllt	**erfüllt**	**gut erfüllt**	**erfüllt**	**erfüllt**	
I Aufgabenbewältigung						
Teil 1 A	5	4	3	2	1	0
Teil 1 B	5	4	3	2	1	0
Teil 2 A	10	8	6	4	2	0
Teil 2 B	10	8	6	4	2	0
Teil 3	20	16	12	8	4	0
Summe 1	50	40	30	20	10	0
II Aussprache/Intonation	10	8	6	4	2	0
III Flüssigkeit	10	8	6	4	2	0
IV Korrektheit	15	12	9	6	3	0
V Wortschatz	15	12	9	6	3	0
Summe 2	50	40	30	20	10	0
Gesamtergebnis (Summe 1+2)	100	80	60	40	20	0

Für das Erreichen der Stufen A2 und B1 gilt:

Punkte	**Stufen nach GER**
75–100,0	B1
35–74,5	A2
0–34,5	unter A2

Zertifikat A2 oder Zertifikat B1?

Ob ein Teilnehmer oder eine Teilnehmerin für seine/ihre Prüfungsleistung ein Zertifikat der Stufe A2 oder ein Zertifikat der Stufe B1 erhält, hängt von den Teilergebnissen ab, die er/sie in den Subtests „Hören/Lesen", „Schreiben" und „Sprechen" erzielt hat. Eine notwendige Mindestvoraussetzung für ein Zertifikat auf der jeweiligen Stufe besteht darin, dass der Teilnehmer oder die Teilnehmerin im Subtest „Sprechen" das Teilergebnis A2 oder B1 erreicht haben muss. Wer im Subtest „Sprechen" das Teilergebnis „unter A2" erzielt hat, erhält kein Zertifikat.

Zertifikat A2

Ein Zertifikat A2 erhalten alle Teilnehmer und Teilnehmerinnen, die im Subtest „Sprechen" und in einem der beiden Prüfungsteile „Hören/Lesen" oder „Schreiben" mindestens das Teilergebnis A2 erreicht haben. Um ein Zertifikat der Stufe A2 zu erhalten, sind folgende Kombinationen von Teilergebnissen möglich:

	Fall 1	**Fall 2**	**Fall 3**	**Fall 4**	**Fall 5**	**Fall 6**	**Fall 7**	**Fall 8**	**Fall 9**	**Fall 10**	**Fall 11**
1 Hören/Lesen	A2	A2	unter A2	B1	B1	A2	B1	unter A2	A2	unter A2	A2
2 Schreiben	A2	unter A2	A2	B1	A2	B1	unter A2	B1	A2	A2	unter A2
3 Sprechen	A2	A2	A2	A2	A2	A2	A2	A2	B1	B1	B1

Zertifikat B1

Ein Zertifikat B1 erhalten alle Teilnehmer und Teilnehmerinnen, die im Subtest „Sprechen" und in einem der beiden Prüfungsteile „Hören/Lesen" oder „Schreiben" mindestens das Teilergebnis B1 erreicht haben. Um ein Zertifikat der Stufe B1 zu erhalten, sind folgende Kombinationen von Teilergebnissen möglich:

	Fall 1	**Fall 2**	**Fall 3**	**Fall 4**	**Fall 5**
1 Hören/Lesen	B1	B1	B1	A2	unter A2
2 Schreiben	B1	A2	unter A2	B1	B1
3 Sprechen	B1	B1	B1	B1	B1

Weitere Informationen zum Ablauf der Prüfung finden Sie in den Übungstests, die Sie in unserem Webshop herunterladen oder bestellen können: https://shop.telc.net

Lektion 1

1a 1 das Fahrrad, 2 der Bus, 3 das Auto, 4 die Straßenbahn, 5 das Motorrad, 6 der Zug/die Eisenbahn

1b ***Lösungsvorschlag:*** 1 Fahrradfahren ist billig, gefährlich, gesund. 2 Zu Fuß gehen ist gesund, langweilig, praktisch. 3 Busfahren ist bequem, angenehm, sicher.

1d 1 der Fahrpreis, 2 der Bahnsteig, 3 der Fahrplan, 4 die Fahrkarte, 5 das Gleis, 6 der Fahrgast, 7 die Rückfahrt, 8 der Schalter, 9 der Fahrkartenautomat, 10 der Sitzplatz, 11 der Bahnhof, 12 der Gang

1e ***durchgestrichene Wörter:*** 1 fahren, 2 fahren, 3 gehen, 4 setzen, 5 aussteigen, 6 abmachen

Schon fertig? *Lösungsvorschlag:* 1 Der Zug kommt um 15.08 Uhr am Bahnhof an. 2 Ich suche gerade im Fahrplan, wann mein Zug fährt. 3 Da der Zug ausgefallen ist, warten gerade sehr viele Menschen am Bahnsteig. 4 Im Bus kann man bequem sitzen. 5 Bevor man in die S-Bahn einsteigt, soll man die anderen aussteigen lassen. 6 Um einkaufen zu gehen, nehme ich die Straßenbahn.

1f **1** 6; **2** 13.23, 4, 13.33; **3** 10, Verspätung; **4** Weiterfahrt, 5; **5** 9, nicht; **6** Störung

1g 2 Schlafwagen, 3 ein Unfall, 4 unpünktlich

2a 1 richtig, 2 falsch, 3 falsch, 4 richtig

3a 1 die Geschwindigkeit, 2 die Ausfahrt, 3 das Benzin, 4 die Tankstelle, 5 die Fahrbahn, 6 der Parkplatz

3b ***Lösungsvorschlag:*** 1 abfahren, anfahren, entgegenfahren, losfahren, überfahren, umfahren, vorbeifahren, weiterfahren, zurückfahren; 2 abholen, überholen; 3 anhalten; 4 abschnallen, anschnallen; 5 ankommen, entgegenkommen, zurückkommen; 6 umleiten; 7 aussteigen, einsteigen, umsteigen; 8 abbiegen, einbiegen

Schon fertig? *Lösungsvorschlag:* 1 Wir müssen unbedingt zurückfahren, weil ich mein Handy vergessen habe. 2 Kannst du mich bitte vom Bahnhof abholen? 3 Können wir bitte kurz anhalten und Wasser kaufen? Ich habe Durst. 4 Bitte schnall dich an, sonst fahre ich nicht los. 5 Mama, wann kommen wir an? 6 Der Verkehr wurde umgeleitet, weil ein Baum die Straße versperrt. 7 Die Reise hat sehr lang gedauert, weil ich zweimal umsteigen musste. 8 An der zweiten Ampel sollst du bitte links abbiegen.

3c ***Lösungsvorschlag:*** 1 Hier darf man nicht parken. 2 Hier muss man anhalten. Hier darf man nicht weiterfahren. 3 Hier darf man höchstens 30 km/h fahren. Hier muss man langsam fahren.

3d 1 der Unfall, 2 der Stau, 3 der Falschfahrer, 4 die Störung, 5 die Umleitung, 6 die Sperrung, 7 die Bauarbeiten, 8 die Verspätung

4a 1d, 2a, 3b, 4c, 5g, 6h, 7f, 8e

4b 1 Pilot, 2 Passagiere, 3 Flugbegleiterin, 4 Flug, 5 Flughafen, 6 Flugticket

4c 1 Flugticket, 2 umsteigen, 3 Auskunft/Passkontrolle, 4 Passkontrolle/Auskunft, 5 Handgepäck

4d 1 richtig, 2 falsch, 3 richtig, 4 falsch

5a Telefonansagen: 1, 3, 5; Durchsagen: 2, 4

5b 1 auf der Mailbox/auf dem Anrufbeantworter, 2 im Kaufhaus, 3 am Bahnhof, 4 am Flughafen, 5 im Zug

6a ***Lösungsvorschlag:*** 1 Was, tun 2 Was, machen 3 Von welchem Gleis, fährt, ab 4 Wohin, gehen 5 Was gibt es, Angebot, Zugrestaurant

6b 1a, 2b, 3b, 4a, 5b

7b 1 falsch, 2 richtig, 3 richtig, 4 richtig, 5 falsch, 6 richtig

8 1c, 2a, 3a, 4a

9a ***Lösungsvorschlag:*** 1 Ich komme heute später zur Arbeit. 2 Ich muss zweimal umsteigen. 3 Ich bitte um die Erstattung meiner Fahrkosten. 4 Wir mussten gestern 40 Minuten auf unseren Zug warten.

a Es gab eine Störung auf der Bahnstrecke. b Der ICE ist ersatzlos ausgefallen. c Die Haltestelle der Linie 3 ist heute gesperrt. d Es gibt einen Stau auf der A7.

9b ***Lösungsvorschlag:*** 2 Ich muss zweimal umsteigen, weil die Haltestelle der Linie 3 heute gesperrt ist. 3 Ich bitte um die Erstattung meiner Fahrkosten, weil der ICE ersatzlos ausgefallen ist. 4 Wir mussten gestern 40 Minuten auf unseren Zug warten, weil es eine Störung auf der Bahnstrecke gab.

9c 1 Liebe, 2 entschuldige, 3 pünktlich, 4 einen Stau, 5 mindestens, 6 Viele

Lektion 2

1a Smartphone, Mobiltelefon, Internet, Computer, Zeitung, Poster, Fernseher, Bücher, Radio, E-Book, Zeitschrift, Laptop, Broschüre, MP3-Player, Tablet

1c Smartphone, Internet, Laptop, Tablet, Fernseher, Zeitung, Bücher, Radio, E-Book, Zeitschrift

1d 1 falsch, 2 richtig, 3 richtig, 4 falsch, 5 falsch, 6 falsch

2a Smartphone: 1, 2 Tablet: 3

2b ***durchgestrichene Wörter:*** 1 schauen, 2 nachgeschaut

2c ***Lösungsvorschlag:*** 1 zu telefonieren, zu checken; 2 lesen; 3 höre; 4 schauen; 5 nutze; 6 schreibst

3a 1, 2, 4

3b 1 Medien, 2 ausleihen, 3 Anmeldung, 4 zahlen, 5 Gebühr, 6 Nutzung, 7 Wochen, 8 behalten

3d a Sprecher 1, b Sprecher 3, d Sprecher 2

3e 1 bis 14 Uhr, 2 einmal in der Woche (jeden Donnerstag), 3 ungefähr um 17 Uhr

4a 1 die Nachrichten, 2 der Krimi, 3 die Kinderserie, 4 die Sportsendung, 5 die romantische Komödie, 6 die Naturdoku, 7 die Werbung, 8 der Wetterbericht

4b ***durchgestrichene Wörter:*** 1 erklärt, 2 ernst, 3 schaue, 4 gehen, 5 sendet, 6 aktiven, 7 zuschauen, 8 aufgeregt

5a ***Lösungsvorschlag:*** 1 Der Film war toll. 2 Mein Handy war preiswert/nicht teuer. 3 Ich fotografiere gerne. 4 Die Veranstaltung beginnt um 11 Uhr. 5 Kannst du bitte das Radio ausschalten? 6 Wir möchten heute ins Kino gehen./Wir haben vor, heute ins Kino zu gehen. 7 Das Hörbuch ist ziemlich uninteressant. 8 Wann siehst/guckst du dir das Video an? 9 Der Krimi kommt freitagabends. 10 Welche Medien nutzt ihr jeden Tag?

5b **2** Audio b und c, **3** Audio a und b, **4** Audio b

5c 1 möchte, Sportübertragung, will, das Fußballspiel Italien gegen Brasilien im Fernsehen. 2 fängt ... an, startet. 3 kommt jeden Montag um halb zehn, läuft montagvormittags. 4 ab dem 30. Oktober

6a 1

6b 1b, 2b, 3b

6c 1b Die Serie wird ab dem 6. April jeden Sonntag um 14.30 Uhr bei KinderTV zu sehen sein. 2b Bayern München, die letzte deutsche Mannschaft im Europapokal, spielt am 15. April gegen den AC Mailand. 3b ... ab dem 9. April alle alten Folgen der Serie wiederholt, jeweils montags bis freitags um 21 Uhr.

8 1c, 2a, 3c, 4a, 5a

9a 1 und, 2 sowohl, 3 als auch, 4 Wenn, 5 Damit, 6 weil, 7 Obwohl

9b ***Lösungsvorschlag:*** 2 Wie hoch ist die Gebühr für die Anmeldung? 3 Wie lange darf ich Bücher ausleihen? 4 Wo finde ich die Bücher? Und die Filme? 5 Was gibt es sonst zum Ausleihen? 6 Was passiert, wenn die Bücher zu spät zurückgegeben werden?

Lektion 3

1a 1 Personalchefin, 2 Rechtsanwalt, 3 Köchin, 4 Softwareentwickler, 5 Krankenpfleger, 6 Lehrerin, 7 Mechaniker, 8 Kellnerin, 9 Verkäufer, 10 Ärztin, 11 Sekretärin, 12 Erzieherin

1c ***Lösungsvorschlag:*** **im Krankenhaus:** Ärztin / Arzt, Krankenschwester / Krankenpfleger; **zu Hause:** Hausfrau / Hausmann; **in der Fabrik:** Technikerin / Techniker, Facharbeiterin / Facharbeiter, Vorarbeiterin / Vorarbeiter; **bei der Zeitung:** Journalistin / Journalist, Redakteurin / Redakteur; **beim Fernsehen:** Journalistin / Journalist, Moderatorin / Moderator; **in einer Firma:** Mitarbeiterin / Mitarbeiter, Chefin / Chef, Sachbearbeiterin / Sachbearbeiter; **in der Praxis:** Ärztin / Arzt, Zahnärztin / Zahnarzt; **in der Schule:** Lehrerin / Lehrer; **in der Werkstatt:** Tischlerin / Tischler, Automechanikerin / Automechaniker; **in der Küche:** Köchin / Koch, Spülerin / Spüler, Küchenhilfe; **in der Kanzlei:** Rechtsanwältin / Rechtsanwalt, Steuerberaterin / Steuerberater; **im Büro:** Sekretärin / Sekretär

1e 1 arbeitslos; 2 Kollegen; 3 Überstunden; 4 selbstständig; 5 Gehalt

1f 1 Vollzeit, 2 halbtags, 3 Teilzeit, 4 Schichtarbeit

2b 1 flexibel, 2 zuverlässig, 3 teamfähig, 4 freundlich, 5 pünktlich, 6 ordentlich, 7 sorgfältig

2c 1 Stellenanzeige, 2 Stelle, 3 Berufsausbildung, 4 Berufserfahrung, 5 Bewerbungsunterlagen

2e ***durchgestrichene Wörter:*** 2 Termin, 3 Arbeitsstelle, 4 Unterlagen, 5 Steuer, 6 Fähigkeit, 7 Schule

2f 1c, 2a, 3b, 4e, 5d

3a 1 richtig, 2 falsch, 3 falsch, 4 richtig, 5 richtig, 6 richtig, 7 falsch, 8 richtig

3c 1 Besprechung, 2 Schichtpläne, 3 Betriebsrat, 4 Mitarbeiterliste

3e Dialog 1 c, Dialog 2 a, Dialog 3 b

4b ***Lösungsvorschlag:*** **Duzen:** auf einer Party mit Freunden; **Siezen:** beim Arzt, auf dem Amt, in Geschäften; **beides möglich:** im Sprachkurs, auf der Arbeit, im Kindergarten

4c 1 nein, 2 nein, 3 nein, 4 nein, 5 ja

5a 1b, 2b, 3a, 4b, 5b

6 1 falsch, 2c; 3 richtig, 4b; 5 falsch, 6b; 7 richtig, 8a

7a 1 Informationen für eine Bewerbung einholen, 2 Private E-Mail an eine Kollegin, 3 Berufliche Mitteilung an eine Kollegin

7b ***Lösungsvorschlag:*** 1b, 2b, 3d, 4a / c

Lektion 4

1a 1 Rohan, 2 Bianca, 3 Miriam

1b 1a, c; 2b, c; 3c, d

1c 1 Mietvertrag, 2 Quadratmeter, 3 Dachgeschoss, 4 Stadtrand, 5 Badewanne

2a 1d, 2f, 3b, 4a, 5c, 6e, 7k, 8g, 9i, 10h, 11l, 12j

2b 1

2c 1a, 2b, 3a, 4b, 5b, 6a, 7a

2d ***unterstrichene Wörter:*** 1 besichtigen, renovieren, vermieten, einrichten, aufräumen, suchen, reinigen; 2 vereinbaren, verschieben, absagen, bestätigen; 3 kündigen, unterschreiben, Lesen verstehen

4a 1 gestört, 2 gestellt, 3 erlaubt, 4 darf, 5 verpflichtet, 6 Vermieter, 7 Mieter, 8 reinigen, 9 muss

4b Punkt 3

4c 1 Man muss sich nicht immer gleich beschweren. 2 Man muss sich immer genau an die Regeln halten.

5a 1 richtig, 2 falsch

5b a, b, f

5c 1 Das finde ich auch. Das stimmt. Ich sehe das auch so. Da hast du / haben Sie (völlig) recht. Da stimme ich dir / Ihnen zu. 2 Ich sehe das anders. Da bin ich (ganz) anderer Meinung. Dem kann ich nicht zustimmen. Das glaube / finde ich nicht. 3 Da bin ich nicht (so) sicher. Naja, ich weiß nicht.

6a 1a, 2b, 3b

6b ***Lösungsvorschlag:*** 1 Kleinere Kinder sind nicht gern allein. 2 Problematisch ist es meiner Meinung nach, wenn vier Jahre oder mehr zwischen den Kindern liegen. 3 Ich würde sagen, dass ein Kind ein eigenes Zimmer braucht, wenn es in die Schule kommt.

6c Person 1

6d 1b, 2a, 3a, 4b

6f 1a, 2a, 3b, 4b

6g 1b, 2c, 3a

7 1f, 2d, 3c

8a ***Lösungsvorschlag:*** 2 Wie viele Zimmer hat die Wohnung? 3 Gibt es eine Einbauküche? 4 Wie hoch ist die Kaltmiete? 5 Wie hoch sind die Nebenkosten? 6 Gibt es einen Balkon? 7 Wie hoch ist die Kaution? 8 Wann könnte ich die Wohnung besichtigen?

Lektion 5

1a Standesamt, Jugendamt, Gesundheitsamt, Einwohnermeldeamt, Finanzamt, Sozialamt, Umweltamt, Schulamt, Ordnungsamt

Schon fertig? *Lösungsvorschlag:* Wohnungsamt = Amt für Wohnungswesen; Sozialamt = Sozialrathaus; Einwohnermeldeamt = Bürgeramt, Stadthaus, Stadtverwaltung

1b das Passbild, der Reisepass, die Sterbeurkunde, der Personalausweis, der Führerschein, die Heiratsurkunde, die Meldebescheinigung

1c 2 verlängern, 3 die Bescheinigung, 4 genehmigen, 5 der Antrag, 6 die Erlaubnis, 7 ablehnen, 8 die Bestätigung, 9 nachweisen, 10 die Information

1d ***Lösungsvorschlag:*** 1 unterschreiben, abgeben; 2 beantragen, verlängern; 3 stellen, ausfüllen, unterschreiben, abgeben, ablehnen; 4 beantragen, bekommen, verlängern; 5 bekommen; 6 verlängern; 7 bekommen; 8 beantragen; 9 verlängern, beantragen, bekommen, ablehnen

1e 2g, 3a, 4b, 5j, 6c, 7i, 8d, 9f, 10h, 11l, 12n, 13m, 14o, 15k, 16p

Schon fertig? die Heirat, die Eheschließung, der Führerschein, die Fahrerlaubnis, das Fundbüro, die Sammelstelle für Fundsachen, der Antrag, die Erlaubnis, die Genehmigung, das Heimatland, das Herkunftsland, die Nationalität, die Staatsangehörigkeit, der Antrag, das Formular, das Amt, die Behörde, der Bescheid, die Entscheidung, die Amtsleitung, die Amtsleiterin / der Amtsleiter, die Gebühr, der Betrag, die Urkunde, das Dokument, die Adresse, die Anschrift

2a 1b, 2d, 4f, 5c, 6e

2b 1 Antrag; 2 informieren; 3 beantragen, zuständig; 4 Frist, abgelaufen; 5 Gebühr; 6 gültig; 7 befristet

3a 1 b, c, d; 2 a, b, c, d; 3 a, c; 4 a; 5 b, c, d; 6 a, b, c; 7 a; 8 a, b; 9 a, b; 10 a, b

4a 1 Bürgeramt/Stadthaus/Stadtverwaltung; 2 drei; 3 Stockwerk, Zimmernummer, Aufgaben; 4 Man sieht, wo sich die einzelnen Ämter befinden. 5 Bei jedem Amt steht, welche Aufgabe es hat bzw. was man dort tun kann.

4b ***Lösungsvorschlag:*** 1 Fundbüro, Polizei; 2 Polizei, Fundbüro; 3 Agentur für Arbeit; 4 BAMF; 5 Finanzamt; 6 Kfz-Zulassungsstelle; 7 Jugendamt; 8 BiZ; 9 Wohnungsamt; 10 Standesamt; 11 Standesamt; 12 Familienkasse

5 1a, 2a, 3b, 4b, 5c

6a ***Lösungsvorschlag:*** **1 Anliegen** Sehr geehrte Damen und Herren, ich möchte mich gern über Berufe in Deutschland informieren. **Beruf** In meinem Heimatland habe ich als Lkw-Fahrer gearbeitet. Ich habe keine Berufsausbildung gemacht, aber ich besitze einen gültigen Führerschein. **Termin** Könnten Sie mir bitte einen Termin für die Berufsberatung geben? **Erreichbarkeit** Sie erreichen mich auch telefonisch unter 0159 888 45 83. Mit freundlichen Grüßen Mohammad Bakr

2 Grund Sehr geehrte Damen und Herren, ich benötige dringend eine Beratung. **Wohnsituation** Ich wohne seit 2 Jahren in einer nicht renovierten Altbauwohnung im Stadtzentrum. Außerdem ist der Holzfußboden alt und die Fenster schließen nicht richtig. **Frage zur Mieterhöhung** Mich interessiert, ob der Vermieter trotzdem die Miete erhöhen darf. **Termin** Ich würde mich freuen, wenn Sie mir einen Beratungstermin schicken könnten. Am besten kann ich nachmittags, da ich halbtags arbeite. Mit freundlichen Grüßen Carola Hufschmied

6b Brief 1 c, Brief 2 b

6c 1 Könnten Sie mir bitte einen Termin für die Berufsberatung geben? 2 Ich würde mich freuen, wenn Sie mir einen Beratungstermin schicken könnten.

Lektion 6

1a 1c, 2g, 3d, 4b, 5j, 6i, 7h, 8a, 9e, 10f

2a 2 die Lieferung, 3 die Abholung, 4 die Bezahlung, 5 die Bestellung, 6 die Probe, 7 der Einkauf, 8 die Finanzierung, 9 der Verkauf, 10 der Kauf

2b 1 Beleg; 2 gratis, umsonst; 3 günstig, preiswert; 4 Ware, Artikel

2c 1a, 2b, 3a, 4a

3a ***markierte Wörter:*** 1 ein Kilo, 500 g; 2 eine Packung, ein Kilo; 3 eine Flasche, ein Liter; 4 ein Glas; 5 250 g; 6 eine Dose, eine Flasche

Schon fertig? ***Lösungsvorschlag:*** ein Sack (Kartoffeln), eine Prise (Salz), eine Kiste (Obst), ein Kasten (Mineralwasser), eine Tafel (Schokolade)

3c 1a, 2h, 3f, 4g, 5c, 6d, 7i, 8e, 9b

4a ***durchgestrichene Wörter:*** 1a neuen, 1b kaufen, 2a Spielsachen, 2b teure, 3a Wohnzimmer, 3b einen Wecker, 4a eine Topfpflanze, 4b bringen, 5a ein neues Bett, 5b eine günstige

4b 1B, 2B, 3A, 4B, 5B

4c 1B, C, E; 2A; 3D; 4B, C, D, E; 5A

5 1d, 2g, 3f, 4a, 5X

6a ***Lösungsvorschlag:*** 2 Leider sind die Blumen erst am Dienstag in Berlin angekommen, obwohl sie schon am Sonntag ankommen sollten. Außerdem ist der Strauß stark beschädigt. 3 Vor zwei Monaten habe ich einen Staubsauger bei Ihnen gekauft. Leider ist der Stausauger jetzt schon kaputt.

6b **Grund** 7, **Situation** 2, 6, **Anliegen** 5, **Gruß** 1, 4

Lektion 7

1a 1e, 3c, 4d, 5b

1b 1 einzahlen, abheben, versenden, beantragen, überweisen, empfangen, 2 überziehen, eröffnen, 3 empfangen, ausführen, 4 beantragen, abzahlen

1c 1 Bankautomat, 2 Girokarte, 3 Visakarte, 4 Hartgeld, 5 Geldschein

Schon fertig? Schalter, Überweisung, Filiale, Kundenberater, Empfänger

2a 2 Geheimzahl, 3 Kreditkarte, 4 Konto, 5 Kredit, 6 Geldautomat, 7 Überweisung

2b Überweisung

2c 3

2d 2 Überweisungsauftrag, 3 per, 4 Online-Überweisung, 5 Kunde, 6 Bankautomaten

Schon fertig? 2 überweisen, 3 die Geldsumme

3a 2 Krankenversicherung, 3 Pflegeversicherung, 4 Unfallversicherung, 5 Haftpflichtversicherung, 6 Rentenversicherung, 7 Hausratversicherung

3c 1 wechseln, abschließen, kündigen; 2 vorzeigen, erhalten, verlieren; 3 erhalten, schreiben; 4 senken, berechnen, erhöhen

4a ***durchgestrichene Wörter, Lösungsvorschlag:*** Sehr geehrte Damen und Herren, hiermit, ich, meine, in der, und, zum, Bitte, Sie, den, meiner, Mit freundlichen Grüßen

4b ***Lösungsvorschlag:*** Kfz-Versicherungswechsel, zum Jahresende, Kündigungsfrist 1 Monat, Stichtag, 30. November, Spätere Kündigungen, nicht akzeptiert, während des Jahres gekündigt, gilt, vertraglich vereinbarte Kündigungsfrist

4c 1 Ein Monat, 2 falsch, 3 falsch, 4 richtig

4d 1a, 2b, 3b

5 1 richtig, 2a; 3 richtig, 4b; 5 falsch, 6c

Lektion 8

1b 2 das Gesicht, 3 die Schulter, 4 die Finger, 5 die Zähne, 6 die Ohren

1c 1 Brust, 2 Knie, 3 Bauch, 4 Bein, 5 Ellenbogen, 6 Stirn, 7 Hals, 8 Hüfte

Schon fertig? die Brust, die Brüste, das Knie, die Knie, der Bauch, die Bäuche, das Bein, die Beine, der Ellenbogen, die Ellenbogen, die Stirn, die Stirnen, der Hals, die Hälse, die Hüfte, die Hüften

2a 1, 2, 6, 5, 4, 8

3a ***Lösungsvorschlag:*** **Berufe im Gesundheitswesen** Krankenpflegerin, Ärztin/Arzt, Hausärztin/Hausarzt, Chirurgin/Chirurg, Zahnärztin/Zahnarzt, Hebamme; **Im Krankenhaus** Bett, Rollstuhl, Korridor; **Beim Arzt** Wartezimmer, Empfang, Labor, Untersuchung; **Medikamente** Nasenspray, Tabletten, Hustensaft

3b 1 falsch, 2 falsch, 3 richtig

4a 1 die Arznei + das Mittel, 2 neben + die Wirkung, 3 die Zahlung + die Frist, 4 der Versand + die Kosten, 5 der Vertrag + der Abschluss, 6 die Rückgabe + das Recht, 7 das Mitglied + der Beitrag, 8 laufen + die Zeit, 9 der Vertrag + der Inhalt, 10 die Aufbewahrung + die Art, 11 der Einzug + die Ermächtigung, 12 die Garantie + die Bedingung

5a Foto A: Text 3 und 4, Foto B: Text 1 und 2

5b 1b, 2b, 3a, 4a

6a 1 Was sind Dolocollum Halstabletten und wofür werden sie verwendet? 2 Was müssen Sie vor der Anwendung von Dolocollum Halstabletten beachten? 3 Wie sind Dolocollum Halstabletten anzuwenden? 4 Wie sind Dolocollum Halstabletten aufzubewahren?

6b 1 Abschnitt 1, 2 Abschnitt 2, 3 Abschnitt 3, 4 Abschnitt 4

6c 1 falsch, 2 falsch, 3 falsch, 4 richtig

7 1 richtig, 2 falsch, 3 falsch

8a ***durchgestrichene Wörter:*** komme, finde, Haben, brauche, mache, stellen, habe

8b ***Lösungsvorschlag:*** Bieten Sie einen Kurs für Rückengymnastik an? Muss man ein Handtuch mitnehmen? Wann fängt der nächste Kurs an?

8c 1 Können, mitteilen; 2 würde; 3 interessiert

Lektion 9

1a 1 Anwesenheitsliste, 2 Unterricht, 4 Regel, 5 Zertifikat, 6 Abbildung, 7 Höraufgabe, 8 Kursraum

1b 1 machen, 2 teilnehmen, 3 unterschreiben, 4 beschreiben, 5 verlassen, 6 erhalten, 7 verstehen, 8 lösen

Schon fertig? *Lösungsvorschlag:* 2 sich am Unterricht beteiligen; 3 die Anwesenheitsliste weitergeben, ausfüllen; 4 eine Abbildung zeigen; 5 den Kursraum betreten, aufräumen; 6 ein Zertifikat bekommen; 7 eine Regel vergessen, erklären; 8 eine Höraufgabe wiederholen

1d ***Lösungsvorschlag:*** Wörterbuch, Arbeitsbuch, Kinderbuch, Schulbuch, Sachbuch

2a **trennbar** ansehen, ankreuzen, nachschlagen, vorLesen aufschreiben, vorschlagen, zuHören zusammenfassen, auswählen; **nicht trennbar** ergänzen, übersetzen, beenden, vergleichen, erklären, wiederholen, begründen, beschreiben, unterstreichen

2c ***durchgestrichene Wörter:*** 1 erhalten, 2 mieten, 3 erzählen, 4 sagen, 5 antworten, 6 teilnehmen

2d Bekannte, Nachbarn, Familie, Kursteilnehmer, Ehepartner, Arbeitskollegen

3b 2c, 3b, 4b, 5b, 6c, 7b, 8a, 9b

4a **(halb)formell (Sie)** Sehr geehrte Damen und Herren, Viele Grüße, Liebe Nachbarn, Mit freundlichen Grüßen; **informell (du)** hallo, wie geht es dir?, Mach's gut, Bis bald

4b 1a, 2b, 3c, 4b, 5b, 6c, 7c

5 1b, 2a, 3c, 4b, 5b, 6b

6a **1 Wer schreibt:** Melih Özgur. **An wen:** Frau Yılmaz (Sekretärin). **Warum:** Weil er wissen möchte, wann der Kurs stattfindet. **2 Wer schreibt:** Alejandra Fernández. **An wen:** Jasmin Darbandi (Teilnehmerin). **Warum:** Damit Jasmin ihr die Hausaufgaben schickt. **3 Wer schreibt:** Alaa Boussaid. **An wen:** Frau Ingrid Stein (Kursleiterin). **Warum:** Weil er Informationen zur Prüfung braucht.

6b ***Lösungsvorschlag:* Anrede:** 1 Sehr geehrte Frau Yılmaz, 3 Liebe Frau Stein / Liebe Ingrid. **Gruß:** 1 Mit freundlichen Grüßen, 2 Bis bald, 3 Viele Grüße. **du / Sie:** 1 Sie, 2 du, 3 du oder Sie

Lektion 10

1a Kinderkrippe, Gymnasium, Grundschule, Kita, Hort, Tagesmutter, Kindergarten

1b 1 Kinder, 2 Kinder, Erzieher, 3 Schüler, Lehrer, 4 Jugendliche, Lehrer, 5 Praktikanten, 6 Studenten, Professoren, 7 Azubis, Ausbilder

1c ***Lösungsvorschlag:*** lernen 5, 6, 7; spielen 1, 2; diskutieren 4, 6, 7; lesen 3, 4, 6, 7; schlafen 1, 2; schreiben 3, 4, 6; rechnen 3, 4, 6; singen 2, 3, 4; essen 1, 2, 3, 4, 6; arbeiten 5, 7; krabbeln 1, 2; studieren 6; das Abitur ablegen 4; Sport machen 3, 4, 6; einen Vortrag halten 4, 6

Schon fertig? *Lösungsvorschlag:* eine Prüfung ablegen, malen, (zur Schule) gehen, unterrichten

2a 1 Zeugnis, 2 Hausaufgaben, 3 Klassenarbeit, 4 Stundenplan, 5 Noten

2b ***durchgestrichene Wörter:*** 1 holen, 2 gehen, 3 zumachen, 4 angeben, 5 rechnen, 6 verbringen, 7 abstimmen, 8 holen

2c Physik, Englisch, Deutsch, Geschichte, Biologie, Musik, Mathematik, Sport, Kunst

3a 1d, 2f, 3e, 4c, 5a, 6b

3b 1 weil, da; 2 weil, da; 3 Da; 4 ob; 5 weil, da; 6 weil, da; 7 weil, da; 8 darum; 9 ob; 10 weil, da; 11 darum; 12 ob

3d 1 Wann findet der Gitarrenunterricht statt? 2 Wie wird das Zeugnis meiner Tochter? 3 Können Sie mir die Hausaufgaben schicken? 4 Können wir nächste Woche einen Termin für ein Elterngespräch bekommen? 5 Gibt es zum Mittagessen in der Schule auch vegetarische Gerichte?

4a 1 entschuldige, 2 krank, 3 Mit freundlichen Grüßen, 4 laden ... ein, 5 beginnt, 6 freuen, 7 Liebe, 8 Sportunterricht, 9 gilt, 10 hiermit, 11 Elternabend, 12 Klassenfahrt

4b **Einladung** 2, 4; **Entschuldigung** 3

4c **Anreden:** Sehr geehrte Frau Koch, Liebe Eltern, Liebe Frau Heldt, Liebe Eltern der Klasse 4c; **Grußformeln:** Mit freundlichen Grüßen, Viele Grüße, Liebe Grüße

4d 1 Sehr geehrter Herr Zielke, 2 unsere Tochter Lena hat nie Hausaufgaben auf. Wir fragen uns, ob Lena die Hausaufgaben vergisst oder ob sie wirklich keine aufhat. 3 Wir bitten Sie um einen Termin für ein Elterngespräch. 4 Mit freundlichen Grüßen, 5 Susanne und Lutz Schade

5a 1b, 2a, 3 Nachhilfe für Schüler der Klassen 6 bis 12

5b **Grund für ihr Schreiben** Zeile 2, **Nachhilfe mittwochs** Zeile 3, **Preis** Zeile 6, **Ferienangebot** Zeilen 7–8

5c 1 Meine Tochter hat sehr schlechte Noten in Deutsch und braucht dringend Nachhilfe. Mein Sohn hat Probleme in der Schule. 2 Haben Sie mittwochs noch freie Termine? Es wäre schön, wenn mein Sohn am Mittwoch zur Nachhilfe kommen kann, da er am Dienstag und Donnerstag immer zum Fußballtraining geht. 3 Wie teuer ist die Nachhilfe? Mich interessiert auch, was die Nachhilfe pro Stunde kostet. 4 Haben Sie auch Ferienangebote? Außerdem würde ich gerne wissen, ob Sie auch Ferienangebote haben.

6b **Schreibleistung 1: Grund des Schreibens** Zeilen 6–7, **Zeit und Ort** Zeilen 8–9, **Programm** Zeilen 10–12, **Essen und Trinken** Zeilen 15–16. **Schreibleistung 2: Grund des Schreibens** Zeilen 2–5, **Zeit und Ort** Zeilen 4–5, **Programm** Zeilen 5–7, **Essen und Trinken** Zeilen 8–9

6d **Schreibleistung 1:** ***Lösungsvorschlag:*** Sehr geehrte Damen und Herren, am 10. September haben wir eine internationale Veranstaltung organisiert. Sie findet in unserer Schule in Frankfurt am 10. September um 9:00 Uhr statt. Bei unserer Veranstaltung gibt es ein sehr interessantes Programm mit Spielen und Kultur sowie Musik, Theater und eine Ausstellung. Gerne möchten wir, dass Sie mit Ihren Kindern daran teilnehmen. Um Essen und Trinken kümmern wir uns und wir organisieren alles Weitere. Wir freuen uns auf Ihren Besuch. Mit freundlichen Grüßen Miryam Derki Beethovenschule

Schreibleistung 2: ***Lösungsvorschlag:*** Sehr geehrte Damen und Herren, ich schreibe Ihnen diesen Brief, weil die Beethovenschule einen internationalen Schülertag am 10. September von 10 Uhr bis 14 Uhr am Spielplatz der Beethovenschule veranstaltet. Es gibt ein Programm mit Spielen und Kultur für Ihre Kinder, z. B. Musik, Theater und eine Ausstellung. Außerdem gibt es auch internationales Essen und Trinken zum Mittagessen. Sie können mich unter der E-Mail beethovenschule@frankfurt.de oder unter der Telefonnummer 0123456789 für mehr Informationen erreichen. Ich warte auf Ihre Bestätigung und bedanke mich im Voraus. Mit freundlichen Grüßen Alejandro León

8a 2 ab Oktober, 3 ja. Er arbeitet ganztags und auch seine Frau, 4 darf keinen Zucker essen

8b ***Lösungsvorschlag:*** 1 Ich suche einen Kita-Platz für meine einjährige Tochter Hanna. 3 Mich interessiert, ob Sie eine Ganztagsbetreuung anbieten, weil meine Frau und ich ganztags arbeiten. 4 Hanna darf keinen Zucker essen, weil sie Probleme mit der Haut hat. Bieten Sie ein spezielles Mittagsessen dafür an?

Lektion 11

1a ***Lösungsvorschlag:*** 2 Französisch, 3 Spanisch, 4 Russisch, 5 Ukrainisch, Russisch, 6 Arabisch, 7 Türkisch, 8 Somali, Arabisch, 9 Persisch, 10 Paschtu, Dari, 11 Hindi, Englisch, Bengalisch, Pandschabi, 12 Bulgarisch, 13 Polnisch

2a **Bakri:** 1 komme aus, 2 Muttersprache, 3 gegangen, 4 gelernt, 5 vergessen, 6 gearbeitet, 7 gekommen, 8 besucht, 9 gedauert, 10 möchte, 11 als Lkw-Fahrer. **Carla:** 1 komme, 2 spreche, 3 gesprochen, 4 gelernt, 5 gekommen, 6 besucht, 7 Aussprache, 8 ganz gut, 9 geholfen, 10 Sprachen, 11 bestanden, 12 abschließen, 13 Ausbildung

2b

	Bakri	**Carla**
Muttersprache	Arabisch	Portugiesisch / Spanisch
Als Kind / In der Schule	– Nur 4 Jahre Schule – Lesen und Schreiben gelernt	Englisch gelernt
Das fällt schwer	Lesen und Schreiben	Aussprache, Artikel
Das ist leicht	Sprechen	Sprechen Schreiben
In Zukunft	weiterlernen, Lkw-Fahrer	B2-Kurs, Ausbildung Dolmetscher / Übersetzer

3a ***durchgestrichene Wörter:*** 1 lernen, 2 kennen, 3 aufschlagen, 4 können, 5 geben

6a 1 aber, 2 zwar, 3 aber, 4 Als, 5 nicht nur, 6 sondern ... auch, 7 weil, 8 Wenn, 9 entweder, 10 oder

Lektion 12

1a 1b, 2c, 3d, 4a

1c 1 beraten, 2 die Fortbildung, 3 finanzieren, 4 die Unterstützung, 5 sich weiterbilden, 6 die Umschulung, 7 ausbilden, 8 der Abschluss

1e 1b, 2a, 3b

2b ***richtig:*** 1 auf dem Bild, 2 In der Mitte, 3 Vorne, 4 Im Hintergrund, 5 zeigt

2e 1 Studium, Abschlussprüfung, Universität; 2 Weiterbildung, Weiterbildung von Senioren, Sprachkurs; 3 Studium, Abschlussprüfung, Universität; 4 Ausbildung, Ausbildung zum Automechaniker, Ausbilder und Lehrlinge, Berufsausbildung

5a 1 arbeiten, 2 hätte, 3 interessiert, 4 anerkannt, 5 würde, 6 benötige, 7 wäre, 8 bekommen, 9 besuche, 10 erreichen

5b ***Lösungsvorschlag:*** 1 Ich habe ein paar Fragen zu der Ausbildung. 2 Bekomme ich automatisch nach der Ausbildung eine Stelle als Bäcker? 3 Gibt es eine Prüfung? 4 Wie lange dauert denn die Ausbildung? 5 Ich hätte gern einen Termin für ein Beratungsgespräch, weil ich mich für eine Ausbildung zum Bäcker interessiere.

Lektion 13

1a 2, 3

1b 1 richtig, 2 falsch, 3 falsch, 4 falsch

1c 1 Wir können ..., Ich schlage vor, dass ..., Wollen wir ...?, Wir könnten doch ..., Ich finde, dass wir ..., Was hältst du davon, wenn wir ...; 2 Wie findest du die Idee?, Was meinst du?, Was sagst du?, Was schlägst du vor?, Wollen wir das so machen?, Hast du noch eine andere Idee?; 3 Das ist eine gute Idee., Einverstanden. Das machen wir., Das finde ich super!, Ich finde den Vorschlag gut. 4 Vielleicht wäre es besser, wenn wir ..., Ich weiß nicht. Vielleicht sollten wir lieber ..., Das ist eine ganz gute Idee, aber ..., Vielleicht haben wir noch eine bessere Idee.

1d Ich finde, dass wir ...; Vielleicht wäre es besser, wenn wir ...; Wollen wir ...; Das finde ich super!; Was sagst du, ...?; Vielleicht sollten wir lieber ...; Was schlägst du vor?; Wir könnten doch ...; Das ist eine ganz gute Idee, aber ...; Ich finde den Vorschlag gut.

2a 1 schlägt, 2 haltet, 3 vorgeschlagen, 4 hältst, 5 schlagt, 6 halten

2b 1 Ich schlage vor, dass wir einen Kirschkuchen backen. Was hältst du davon, wenn wir einen Kirschkuchen backen? 2 Ich schlage vor, dass wir uns an der Bushaltestelle treffen. Was hältst du davon, wenn wir uns an der Bushaltestelle treffen? 3 Ich schlage vor, dass wir mit den Kindern in den Zoo gehen. Was hältst du davon, wenn wir mit den Kindern in den Zoo gehen?

4a 1b, 2d, 3a, 4c

4b **Dialog 1:** 2b, 3g, 4c, 5e, 6a, 7f; **Dialog 2:** 1f, 2b, 3c, 4e, 5a, 6d; **Dialog 3:** 1d, 2c, 3a, 4e, 5b

4d 1 Hast du, 2 das passt mir, 3 Wie ist es, 4 keine Zeit, 5 wie viel, 6 Passt dir, 7 leider nicht, 8 Können wir uns, 9 Das geht

6a 1b, 2a, 3b, 4b

8 **2** Lektion 3 (S. 29), Lektion 8 (S. 69), Lektion 12 (S. 101); **3** Lektion 5 (S. 45), Lektion 8 (S. 69); **4** Lektion 2 (S. 21); **5** Lektion 4 (S. 37); **6** Lektion 4 (S. 37), Lektion 9 (S. 75); **7** Lektion 6 (S. 53); **8** Lektion 7 (S. 61); **9** Lektion 11 (S. 93), Lektion 12 (S. 101); **10** Lektion 7 (S. 61), Lektion 9 (S. 75); **11** Lektion 10 (S. 87); **12** Lektion 7 (S. 61)

Übungstest 1

Hören Teil 1 1c, 2a, 3a, 4b

Hören Teil 2 5c, 6a, 7c, 8a, 9a

Hören Teil 3 10 richtig, 11c; 12 richtig, 13b; 14 richtig, 15b; 16 falsch, 17b

Hören Teil 4 18b, 19a, 20d

Lesen Teil 1 21a, 22b, 23b, 24c, 25a

Lesen Teil 2 26e, 27d, 28h, 29b, 30X

Lesen Teil 3 31 falsch, 32a; 33 richtig, 34a; 35 richtig, 36c

Lesen Teil 4 37 falsch, 38 falsch, 39 richtig

Lesen Teil 5 40b, 41b, 42c, 43c, 44c, 45a

Übungstest 2

Hören Teil 1 1a, 2b, 3b, 4a

Hören Teil 2 5c, 6c, 7b, 8b, 9c

Hören Teil 3 10 richtig, 11c; 12 falsch, 13b; 14 falsch, 15b; 16 falsch, 17a

Hören Teil 4 18b, 19e, 20f

Lesen Teil 1 21b, 22b, 23a, 24c, 25a

Lesen Teil 2 26a, 27g, 28X, 29h, 30e

Lesen Teil 3 31 richtig, 32a; 33 falsch, 34a; 35 richtig, 36a

Lesen Teil 4 37 falsch, 38 richtig, 39 richtig

Lesen Teil 5 40b, 41b, 42c, 43a, 44c, 45a

Lektion 1

Aufgabe 2a (Track 2)

▶ Hallo Mahmoud! Sag mal, wie kommst du eigentlich zu unserem Deutschkurs? Fährst du auch mit der Bahn?
▷ Hallo Maria! Nein, ich fahre immer mit dem Fahrrad.
▶ Bis zur Schule? Das ist aber weit, oder? Und ist das nicht auch gefährlich?
▷ Nein, nein, das geht schon. Ich wohne ja direkt im Zentrum und fahre dann einfach den Fahrradweg an der Dieselstraße immer geradeaus bis zur großen Kreuzung kurz vor der Brücke, dann fahre ich rechts Richtung Schule. Klar, an der Ampel muss man dann aufpassen, dass die Autofahrer beim Abbiegen einen nicht übersehen. Und wenn man an der Ampel wartet, steht man mitten in den Abgasen. Das ist natürlich nicht ganz so entspannt wie auf dem Radweg. Aber aufpassen muss man ja immer im Verkehr, ob als Radfahrer, als Fußgänger oder als Autofahrer ...
▶ Ja, da hast du wohl recht. Vielleicht versuche ich das auch bald mal!

Aufgabe 4d (Track 4)

■ Guten Tag.
□ Schönen guten Tag. Ihr Flugticket und Ihren Pass, bitte.
■ Hier, bitte.
□ Danke. Welche Gepäckstücke haben Sie dabei?
■ Nur diesen Koffer hier. Und meinen Rucksack natürlich.
□ Den Rucksack können Sie als Handgepäck mitnehmen. Für Ihren Koffer müssen Sie allerdings extra bezahlen.
■ Wie bitte? Warum das denn?
□ In Ihrer Buchung ist nur ein Handgepäckstück inklusive. Für andere Gepäckstücke müssen Sie einen Aufpreis bezahlen.
■ Das verstehe ich nicht. Ich habe mein Ticket online gekauft und da stand nicht „ohne Gepäckstück".
□ Das steht am Ende Ihrer Buchung. Sie haben ein Flugticket mit einem Handgepäckstück gebucht. Für den Koffer bekomme ich 70,- Euro.
■ Da ist aber teuer. Das finde ich wirklich unverschämt! Ich werde mich auf jeden Fall darüber beschweren.
□ Das können Sie gerne tun, hier ist ein Beschwerdeformular. Zahlen Sie bar oder mit Karte?

Aufgabe 5a (Track 5)

1 Guten Morgen Herr Schreiber, hier spricht Iwanow. Bitte rufen Sie Frau Brühl an und sagen Sie ihr, dass ich heute später ins Büro komme. Hier ist wieder mal Stau auf der A 66. Danke und bis später!

2 Verehrte Fahrgäste, wegen einer technischen Störung hat die S 4 voraussichtlich 20 Minuten Verspätung.

3 Oh, jetzt erreiche ich dich nicht. Ich wollte dir nur schnell sagen, dass ich ca. 15 Minuten später komme. Tut mir echt leid! Die U-Bahn hatte Verspätung. Ich bin schon unterwegs. Bitte warte auf mich.

4 Hier ein Sicherheitshinweis: Verehrte Fluggäste, bitte lassen Sie Ihr Gepäck nicht unbeaufsichtigt.

5 Guten Tag, Sie sind verbunden mit dem Anschluss der Hausarztpraxis Dr. Wagner. Sie rufen außerhalb unserer Sprechstunden an. Diese sind Montag bis Freitag von 8 bis 12 Uhr und Dienstag und Donnerstag von 14 bis 17 Uhr. Bitte hinterlassen Sie eine Nachricht nach dem Piepton, wir rufen Sie gerne zurück.

Aufgabe 5b und 6b (Track 6)

1 Guten Tag, Frau Blum. Hier ist die Kfz-Werkstatt Ivic. Wir sind mit der Inspektion Ihres Autos fertig. Es wurde Motoröl gewechselt und Frostschutz nachgefüllt. Ihr Auto ist abholbereit.

2 Achtung! Der Fahrer des weißen Mercedes mit dem Kennzeichen F SF 89 möchte bitte sofort seinen Wagen wegfahren. Ihr Fahrzeug behindert die Einfahrt zum Parkhaus des Kaufhauses. Ich wiederhole: Der Fahrer ...

3 Achtung! Wegen Bauarbeiten fährt der ICE 222 nach Köln heute nicht von Gleis 18, sondern von Gleis 16 ab.

4 Achtung. Alle Passagiere gebucht auf Flug LW 962 nach Madrid bitten wir jetzt umgehend zum Flugsteig A16. Ihr Flugzeug ist in wenigen Minuten zum Einsteigen bereit. Wir beginnen in wenigen Minuten mit dem Boarding. Bitte halten Sie Ihre Bordkarten bereit.

5 Liebe Reisende, heute gibt es in unserem Zugrestaurant Suppen zum halben Preis. Im Angebot sind Tomaten-, Spargelcreme- und Pilzsuppe für je 3,50 €. Das Sonderangebot gilt nur bis 20 Uhr.

Aufgabe 7b (Track 7)

1 Verehrte Fahrgäste, in wenigen Minuten erreichen wir Berlin Hauptbahnhof. Dies ist die Endhaltestelle. Bitte steigen Sie alle aus. Der Zug fährt nicht weiter.

2 In wenigen Minuten schließt unser Kaufhaus. Wir danken Ihnen für Ihren Einkauf. Wir freuen uns, Sie bald wieder begrüßen zu dürfen. Bitte beachten Sie, dass unser Parkhaus ebenfalls in 20 Minuten schließt.

3 Achtung: Alle Fluggäste gebucht auf Fly-with-me FL 758 nach Paris bitten wir, am Flugsteig A9 zu warten. Die Abflugzeit hat sich geändert. Die neue Abflugzeit wird in wenigen Minuten angezeigt. Wir bitten die Verspätung zu entschuldigen.

4 Liebe Fahrgäste, der ICE nach Dresden fährt heute nicht von Gleis 7, sondern von Gleis 8 ab.

5 Hi Sascha, ich kann dich leider nicht abholen. Du musst selber kommen. Bitte nimm den Bus, der um halb acht hier ankommt. Ich hole dich an der Haltestelle ab.

6 Liebe Fahrgäste, wegen eines technischen Schadens kann diese S-Bahn nicht weiterfahren. Bitte steigen Sie hier in die Ersatzbusse um. Wir bitten dies zu entschuldigen. Ich wiederhole ...

Aufgabe 8 (Track 8)

Beispiel Hallo Oliver, hier ist Ali. Morgen ist ja unser Spieleabend, und du wolltest doch wissen, wie du zu mir kommst. Also: Du fährst vom Hauptbahnhof mit der U 3 bis zur Station Stadtmitte. Dort steigst du um in die U 6 in Richtung Universität und fährst bis zum Robert-Koch-Platz. Das sind vier Stationen. Dann sind es nur noch wenige Schritte bis zu mir. Die genaue Adresse ist Lessingstraße 64.

1 Marie, hier ist Lara. Wie schön, dass du mich am Wochenende besuchen kommst. Ich würde aber nicht mit dem Fernbus fahren, der hat fast immer Verspätung. Am besten du nimmst den Regionalzug über Hannover. Es gibt zwar auch einen ICE, aber der ist viel teurer und auch nicht so viel schneller. Sag mir, wann du ankommst. Ich hol dich dann vom Bahnhof ab.

2 Hallo Alex, hier ist Annika. Ich stehe gerade im Stau und werde wohl vor 18 Uhr nicht zu Hause sein. Die Kinder kommen aber gleich vom Fußballtraining und haben dann bestimmt einen Riesenhunger. Könntest du ihnen was zu essen machen? Ich hab schon alles eingekauft. Im Kühlschrank ist Hühnchen und Gemüse. Ich danke dir! Bis nachher.

3 Hallo Ekatarina, ich bin's, Momo. Du hast sicher auch gehört, dass morgen die S-Bahnen nicht fahren. Wenn du willst, kann ich dich in die Stadt mitnehmen. Ich fahre mit dem Auto. Ich kann nur vor deinem Haus nicht parken, deshalb wäre es gut, wenn du um 7 Uhr an der Bushaltestelle Mozartstraße sein könntest. Sag kurz Bescheid, ob wir das so machen sollen, ja?

4 Hi Johannes. Hier ist Cem. Danke nochmal, dass du mich abholen willst. Du musst dich aber gar nicht beeilen. Noch sitze ich nämlich am Flughafen in Istanbul, mein Flug hat fast eine Stunde Verspätung. Ich werde also erst so um die Mittagszeit in München landen. Wahrscheinlich reicht es, wenn du gegen zehn Uhr losfährst. Dann bist du ungefähr um zwölf am Flughafen. Ich meld mich aber später nochmal, okay?

Lektion 2

Aufgabe 1c und d (Track 9)

○ Hallo, guten Morgen, hättest du kurz Zeit? Wir machen eine Umfrage zum Thema „Mediennutzung". Darf ich dir ein paar Fragen stellen?
● Ja klar, kein Problem.
○ Super. Vielleicht verrätst du mir zuerst deinen Namen?
● Ich heiße Yuna.
○ Okay, Yuna, meine erste Frage ist: Welche Medien nutzt du besonders häufig?
● Wenn ich unterwegs bin, ist mein Smartphone immer dabei. Das ist mir ganz wichtig, damit ich zwischendurch Nachrichten verschicken oder schnell mal was im Internet nachschauen kann. Zu Hause auf dem Sofa nutze ich auch gern meinen Laptop oder mein Tablet. Einen Fernseher habe ich nicht. Ich schaue Filme und Serien lieber auf dem Tablet.
○ Hmhm. Du hast jetzt hauptsächlich digitale Medien genannt. Heißt das, dass du traditionelle Medien eher selten nutzt?
● Du meinst Zeitungen, Bücher, Radio und so was?
○ Ja, genau.
● Also, ich informiere mich über aktuelle Nachrichten fast immer online, deshalb lese ich „richtige" Zeitungen tatsächlich eher selten. Bücher lese ich aber schon – auch die aus Papier, nicht nur E-Books. Und ich liebe es, bei einer gemütlichen Tasse Tee in Zeitschriften zu blättern. Dabei kann man wunderbar entspannen. Oh, mein Handy klingelt. Einen Moment. Ah, das ist eine Freundin von mir. Ich rufe sie nachher zurück. Entschuldige bitte.
○ Kein Problem. Ich habe auch nur noch eine letzte Frage: Hast du bestimmte Regeln für die Nutzung von Medien, zum Beispiel „Kein Handy am Esstisch"?
● Also, wenn ich mit meinem Schatz zu einem romantischen Essen verabredet bin, bleiben unsere Handys aus. Aber generell finde ich es nicht schlimm, auch beim Essen hin und wieder mal aufs Handy zu schauen. Und auch sonst gibt es bei mir keine bestimmten Regeln. Ich überlege mir allerdings gut, was ich in den sozialen Netzwerken poste. Da bin ich eher vorsichtig.
○ Das ist sicher auch gut so, denn was einmal im Internet ist ...
● ... bleibt im Internet.
○ Ganz genau. Vielen Dank, Yuna. Hab noch einen schönen Tag.
● Danke, ebenso. Tschüss.

Aufgabe 3a und b (Track 11)

▷ Guten Tag, ich möchte hier gerne Bücher ausleihen. Können Sie mir sagen, wie das geht?
▶ Gern. Wenn Sie Medien aus der Stadtbibliothek ausleihen möchten, brauchen Sie einen Bibliotheksausweis.
▷ Und den bekomme ich hier?
▶ Ja, ich brauche für die Anmeldung nur Ihren Personalausweis. Außerdem zahlen Sie eine Gebühr von 20 Euro pro Jahr für die Nutzung der Bibliothek.
▷ In Ordnung. Und wie lange darf ich die Bücher behalten?
▶ Die Leihfrist für Bücher, Hörbücher und Spiele beträgt vier Wochen. Zeitschriften dürfen Sie zwei Wochen lang behalten, Filme eine Woche.
▷ Und was passiert, wenn man etwas nicht rechtzeitig zurückbringt?
▶ Dann muss man leider zusätzliche Gebühren zahlen: 50 Cent pro Öffnungstag und Medium. Das heißt, wenn Sie zwei Bücher ausgeliehen haben und sie einen Tag zu spät zurückbringen, kostet das einen Euro: 50 Cent pro Buch, pro Tag.
▷ Ah, ich verstehe. Gut, dann möchte ich mich gerne anmelden. Hier ist mein Personalausweis ...

Aufgabe 3d und e (Track 12)

1 Hallo, ich bin's. Ich hatte dir doch gestern gesagt, dass die Stadtbibliothek samstags um 16 Uhr schließt. Das stimmt gar nicht, tut mir leid. Ich habe gerade gesehen, dass sie schon um 14 Uhr zumacht. Du musst dich also beeilen, wenn du deine Bücher noch abgeben willst. Okay, das wollte ich dir nur schnell sagen. Wir sehen uns heute Abend beim Sport, ja? Bis dann.

2 Du, ich habe eben geLesen dass die Bibliothek kostenlose Vorlesestunden für Kinder anbietet. Ist das nicht was für deine beiden Jungs? Die hören doch so gerne Geschichten. Die Vorlesestunden sind jeden Donnerstag um 15 Uhr in der Kinder- und Jugendbibliothek. Ihr könnt euch das ja mal anschauen. Macht's gut.

3 Hi, du gehst gerade nicht ans Telefon, deshalb schicke ich dir eine kurze Nachricht. Ich habe gestern die Bücher aus der Bibliothek bei dir vergessen. Kann ich nachher bei dir vorbeikommen und sie abholen? Wenn ich sie morgen nicht zurückbringe, muss ich zusätzliche Gebühren bezahlen und das möchte ich nicht. Ich könnte so um fünf bei dir sein. Wäre das in Ordnung?

Aufgabe 5b (Track 14)

1 a Alex möchte heute Nachmittag die Sportübertragung im Fernsehen sehen.
b Alex möchte heute Nachmittag eine Tiersendung über Elefanten sehen.
c Alex will heute Nachmittag das Fußballspiel Italien gegen Brasilien im Fernsehen sehen.

2 a Die neue Krimiserie ist am Freitag leider schon wieder zu Ende.
b Am Freitag fängt eine neue Krimiserie an.
c Am nächsten Freitag startet eine spannende neue Krimiserie.

3 a Die Kindersendung kommt jeden Montag um halb zehn bei KinderTV.
b Die Kindersendung läuft montagvormittags bei KinderTV.
c Die Kindersendung kommt täglich um halb neun bei KinderTV.

4 a Im Frühjahr kommt der neue Film in die Kinos.
b Der Film läuft ab dem 30. Oktober in den Kinos.
c Man kann den Film ab Mitte Oktober im Kino sehen.

Aufgabe 6a (Track 15)

Hallo zusammen. Ich bin's wieder, Matze Feldhaus, mit den Kino- und Fernseh-Highlights für den Monat April. Ob Film, Doku oder Sportübertragung, hier erfahrt ihr, was in den nächsten vier Wochen läuft und was ihr auf keinen Fall verpassen solltet. Es ist – wie immer – für jeden etwas dabei. Ich darf aber schon mal vorab verraten, dass sich alle Krimifans auf eine besondere Überraschung freuen dürfen.

Aufgabe 6b (Track 16)

Los geht's mit einer tollen neuen Kindersendung: „Wauzis Welt". Wauzi ist ein kleiner Hund, der auf einem Bauernhof lebt. Zusammen mit seiner Freundin, Katze Tinka, erklärt er den Kindern die Welt der Tiere. „Wauzis Welt" ist eine wunderbare Serie für Kinder ab 4. Sie ist lustig und zeigt, wie wichtig es ist, gut mit den Tieren und der Natur umzugehen. Die Serie wird ab dem 6. April jeden Sonntag um 14.30 Uhr bei KinderTV zu sehen sein.

Für alle Fußballfreunde gibt es im April gleich zwei wichtige Termine: Bayern München, die letzte deutsche Mannschaft im Europapokal, spielt am 15. April gegen den AC Mailand. Das Spiel wird ab 19 Uhr live auf SportTV übertragen. Das zweite große Fußballereignis folgt nur wenige Tage später. Ajax Amsterdam trifft am 18. April auf den englischen Rekordmeister Manchester United. Die Live-Übertragung beginnt um 20.30 Uhr, ebenfalls auf SportTV.

Nun aber zu den Krimifans: Viele waren über das Ende der beliebten Krimiserie „Kommissar Kutzner" sehr enttäuscht, aber jetzt gibt es gute Neuigkeiten: Die Serie wird fortgesetzt! Die neuen Folgen sollen noch spannender sein als die alten und werden ab Mitte Mai zu sehen sein. Damit die Fans nicht so lange warten müssen, werden bereits ab dem 9. April alle alten Folgen der Serie wiederholt, jeweils montags bis freitags um 21 Uhr.

Okay, das war's für heute. Nächste Woche geht's weiter mit spannenden Neuigkeiten rund um das Filmfestival in Berlin. Ich hoffe, ihr seid wieder dabei. Tschüss, euer Matze.

Aufgabe 8 (Track 17)

1 Die Volkshochschule Holzheim bietet im März einen zusätzlichen Handykurs für Senioren an. Die Teilnehmerinnen und Teilnehmer lernen Schritt für Schritt den Umgang mit dem Smartphone – vom Telefonieren bis zum Versenden von Textnachrichten. Der Kurs findet immer dienstags von 16 bis 17.30 Uhr statt. Kursbeginn ist der 8. März. Anmeldungen sind ab sofort in der VHS-Geschäftsstelle im alten Rathaus möglich oder telefonisch unter 370 70 44.

2 Gute Neuigkeiten für alle Lesefreunde: Nach einer Pause von acht Wochen ist der blaue Bücherbus der Stadtbibliothek endlich wieder auf Tour. Er fährt nach seinem gewohnten Fahrplan und hält – wie immer – an allen zehn Haltestellen im Stadtgebiet. Der Bus ist dieses Jahr auch während der Sommerferien unterwegs. Nur an den Wochenenden bleibt er in der Garage.

3 Am Freitag eröffnet das neue Technik-Museum am Gutenbergplatz. Dort kann man viel Interessantes über die Entwicklung des Computers erfahren. Dabei dürfen kleine und große Besucher nicht nur schauen, sondern auch ausprobieren und spannende Aufgaben lösen. Wer nicht bis Freitag warten möchte, kann das Museum schon jetzt im Internet besichtigen. Auf seiner Webseite zeigt das Museum ein Video mit einem Rundgang durch die Ausstellung.

4 „Wie schütze ich mein Kind im Internet?" Um diese Frage geht es am Donnerstag bei einem Infoabend für Eltern von Kindern und Jugendlichen. Durch den Abend führt Medienexpertin und Buchautorin Karola Scheerer. Die Veranstaltung findet von 18 bis 20 Uhr im Untergeschoss des Familienzentrums statt. Die Teilnahme ist kostenlos, das Familienzentrum bittet aber um Anmeldung, online oder telefonisch.

5 Und hier noch der Buchtipp des Monats: dieses Mal kein Krimi, sondern eine wunderbare Familien- und Liebesgeschichte aus dem Berlin der 1920er-Jahre. „Wenn Thilo tanzt" von Gregor Dierks ist lustig, romantisch, ein bisschen traurig und überhaupt nicht langweilig. Das Buch wurde bereits in zehn Sprachen übersetzt und soll im nächsten Jahr sogar verfilmt werden. Es ist als Taschenbuch für 14,80 Euro erhältlich.

Lektion 3

Aufgabe 3a (Track 19)

A

■ Hallo, Manuel.
□ Hallo Reza. Du hast mich gerufen. Gibt es etwas zu besprechen?
■ Ja. Wie du weißt, machen wir nächste Woche einen Betriebsausflug. Und den müssen wir genauer planen.
□ Oh, ja. Ich freue mich darauf. Ganz besonders auf den Bootsausflug.
■ Frau Martin möchte wissen, wie viele Personen an dem Bootsausflug teilnehmen.
□ Hier ist die Liste der Kollegen und Kolleginnen, die gerne daran teilnehmen möchten.
■ Super. Dann gebe ich Frau Martin die Liste, damit sie die Boote reservieren kann.
□ Lass uns mal das Programm durchgehen: Zuerst fahren wir von der Firma mit dem Bus zum Hafen. Dort können wir ein Gruppenfoto machen. Dann steigen wir in die Boote. Die Bootsrundfahrt dauert 60 Minuten. Im Anschluss gehen wir in das Restaurant direkt am Hafen. Die haben natürlich besonders guten Fisch, aber auch viele andere Gerichte. Danach gibt es die Möglichkeit sich sportlich zu betätigen: wandern, Tennis spielen oder Schach spielen.
■ Für den Teil sollten wir nochmal zwei Stunden einplanen. In der Zeit schafft man die Wanderstrecke gut.

B

▶ Hallo Johanna. Hast du einen Moment Zeit?
▷ Grüß dich. Ja, natürlich.
▶ Es geht um unseren Kollegen Herr Haber.
▷ Oh, ist was passiert?
▶ Nein, nein, aber er geht in sechs Wochen in den Ruhestand. Vielleicht sollten wir in der Abteilung etwas für ihn vorbereiten?
▷ Ja, klar. Wie wäre es, wenn wir Geld sammeln und ihm einen Gutschein schenken?
▶ Super, das ist eine tolle Idee. Ich würde eine schöne Karte besorgen.
▷ Vielleicht könnte jemand in der Abteilung einen Kuchen backen.
▶ Ich frag mal Anette, ob sie dazu bereit wäre.
▷ Dann würde ich das Geld sammeln.
▶ Das klingt doch gut, da freut sich Herr Haber bestimmt.

Aufgabe 3e (Track 21)

1 ● Na, Gisela, kommst du mit in die Mittagspause? Es gibt heute die Nudeln in der Kantine, die du so gerne isst.
○ Oh, nein. Leider kann ich jetzt noch nicht. Ich muss noch ein langes Telefonat führen. Ich gehe dann später essen. Guten Appetit!

2 ■ Herr Kohl, könnten Sie auf die Beschwerde dieser Kundin antworten? Ich habe im Moment keine Zeit dafür.
□ Ja, Chef. Das mache ich gerne.

3 ▶ Wann ist die Betriebsratssitzung?
▷ Warten Sie mal, ich schau mal nach. Die ist am Montag um 11.30 Uhr.
▶ Danke! Gehen Sie auch hin?

Aufgabe 4c und 5a (Track 22)

1

○ Guten Tag, Frau Sandrock. Nehmen Sie bitte Platz.
● Guten Tag, Herr Krissel. Danke.
○ Was kann ich für Sie tun?
● Wie Sie wissen, bin ich seit einem Monat arbeitslos. Ich suche eine Ganztagsstelle.
○ Als Friseurin war das, oder? Haben Sie sich die Stellenanzeigen in der Zeitung und im Internet schon angeschaut?
● Ja, das habe ich. Ich habe mich auch mehrmals beworben. Aber leider habe ich nur Absagen erhalten.
○ Hm, das Beste wäre, wenn Sie an einem Bewerbungstraining teilnehmen. Ich schau mal nach, wann der nächste Kurs beginnt. Wir, die Arbeitsagentur, finanzieren das Bewerbungstraining für Sie.
● Oh, das ist ja toll. Vielen Dank.
○ Ah, da hab ich's. Das nächste Bewerbungstraining findet in 10 Tagen statt.

2

■ Guten Tag. Ich habe hier ein Rezept.
□ Guten Tag. Einen Augenblick bitte, ich schaue mal nach. Leider haben wir das Medikament nicht vorrätig. Wir müssten es bestellen. Heute ab 16 Uhr ist es da.
■ Gut, dann komme ich später noch einmal vorbei.

3

▷ Hallo, Mohammad. Hast du in der Mittagspause Zeit?
▶ Hallo, Linda. Ja, natürlich. Was ist los?
▷ Ich muss mit dir über die neue Kollegin sprechen. Sie macht mir Stress, weil ich vergessen habe, ihr zu sagen, dass ein wichtiger Kunde angerufen hat. Dabei kann doch jeder mal was vergessen!

4

★ Guten Tag, Herr Özgur. Nehmen Sie doch bitte Platz.
☆ Guten Tag, Frau Wintermeyer. Danke.
★ Schön, dass Sie sich für die ausgeschriebene Stelle interessieren. Wir haben Sie eingeladen, um Sie kennenzulernen. Ich habe mir Ihre Bewerbungsunterlagen angeschaut. Erzählen Sie uns doch ein wenig ...

5

○ Hallo, Thomas.
● Hallo, Leyla.
○ Du, Thomas, ich bin zu einer Hochzeit eingeladen. Die findet nächsten Samstag statt. Du hast doch nächsten Samstag Frühschicht. Könntest du mit mir tauschen?
● Lass mal schauen. Ja, das geht. Dann übernehme ich deine Nachtschicht und du meine Frühschicht.
○ Oh, das ist toll. Danke dir.

Aufgabe 6 (Track 23)

Beispiel

▶ Guten Morgen allerseits. Wir haben heute einen anstrengenden Tag vor uns, deshalb wollen wir die Besprechung so kurz wie möglich halten. Ich hätte folgende Punkte:
- Neue Mitarbeiter und Mitarbeiterinnen
- Neuaufnahmen
- Schichtplanung

Hat jemand noch ein Thema?
▷ Ja, ... ich.
▶ Ja, Herr Rotgerber?
▷ Da ich mit meinen Kindern die Ferien planen muss, würde ich gerne meinen Urlaubsantrag bald abgeben.

1 und 2

□ Hallo, Sunita. Ich hab gehört, du suchst einen neuen Job. Soll ich dir vielleicht beim Bewerbungsschreiben helfen?
■ Das ist lieb von dir. Aber ich habe alles bereits verschickt. Letzten Donnerstag hatte ich sogar schon mein erstes Vorstellungsgespräch.
□ Und? Wie ist es gelaufen?
■ Ganz gut, glaube ich. Anfangs war ich noch etwas nervös, aber ich hatte mich gut vorbereitet, und die Leute waren sehr nett. Ob ich die Stelle bekomme, erfahre ich aber erst nächste Woche.
□ Ich hoffe für dich, dass es klappt.
■ Danke. Das wäre natürlich super. Morgen habe ich aber erstmal noch ein Vorstellungsgespräch bei einer anderen Firma.
□ Wow, gleich noch eins? Wie viele Bewerbungen hast du denn geschrieben?
■ Zehn oder elf. Zuerst kamen drei Absagen, dann die beiden Einladungen zum Vorstellungsgespräch und von den anderen habe ich noch nichts gehört.
□ Na, ich bin sicher, dass du bald etwas findest.
■ Ja, ich bin auch ganz optimistisch.

3 und 4

○ Oh ... Kuchen! Gibt's was zu feiern, Nicola?
● Naja, nicht direkt. Aber ich arbeite jetzt seit genau einem Jahr hier in der Firma, und da dachte ich ...
○ Ein Jahr bist du schon bei uns? Wirklich?
● Mhm. Ich war so froh, diese Stelle bekommen zu haben. Weißt du noch, Antonio?
○ Na klar. Und jetzt? Bist du immer noch froh, dass du die Stelle hast?
● Ja, total. Die Arbeit macht Spaß, und die Leute hier sind alle nett. Naja, zumindest die meisten. Findest du nicht?
○ Doch, ich arbeite auch immer noch gern hier. Wie du schon sagst, unsere Aufgaben sind interessant, unser Team ist wirklich in Ordnung, und die regelmäßigen Fortbildungen finde ich auch gut. Etwas mehr Flexibilität bei den Arbeitszeiten und weniger Überstunden wären toll, aber man kann nicht alles haben.
● Stimmt. Ich möchte jedenfalls bei keiner anderen Firma arbeiten.
○ Das kann ich mir eigentlich auch nicht vorstellen.

5 und 6

★ Kristina, hast du kurz Zeit?
☆ Klar, was gibt's denn, Andreas?
★ Meine Frau hat mich gerade daran erinnert, dass am Samstag der 70. Geburtstag ihrer Mutter ist. Ich hatte das total vergessen und dem Chef gesagt, dass ich am Wochenende arbeiten kann. Würdest du vielleicht mit mir die Schicht tauschen?
☆ Hmm, tut mir leid, aber dieses Wochenende geht es leider nicht, weil ich andere Pläne habe.
★ Und ... die kannst du auch nicht verschieben?
☆ Leider nicht. Freunde von mir ziehen um und ich habe versprochen, ihnen beim Umzug zu helfen.
★ Ah, verstehe.
☆ Du könntest aber mal Felix fragen. Er hat mir gestern erzählt, dass er sich ein Motorrad kaufen möchte, sobald er genug Geld gespart hat. Vielleicht würde er die Schicht am Wochenende gern übernehmen. Er kann das Geld sicher gut gebrauchen.
★ Ah, gute Idee. Ich frag ihn mal. Danke für den Tipp.

7 und 8

▷ Hallo Filip.
▶ Ach, Naomi. Was machst du denn hier? Fährst du auch in die Stadt?
▷ Ja, ich habe einen Termin bei der Berufsberatung.
▶ Berufsberatung? Du wolltest doch immer Wirtschaft studieren. Hast du's dir anders überlegt?
▷ Nein, das nicht. Ich will mich nur nochmal genau informieren, weißt du?
▶ Das verstehe ich. Ist ja eine ziemlich wichtige Entscheidung.
▷ Wie sieht's denn bei dir aus? Weißt du schon, was du beruflich machen willst?
▶ Nicht direkt, aber irgendwas mit Menschen ... am liebsten mit Kindern.
▷ Na klar: Erzieher – der perfekte Beruf für dich! Du kannst so toll mit Kindern umgehen.
▶ Meinst du wirklich?
▷ Natürlich, und überleg mal: Erzieher bekommen zwar kein besonders hohes Gehalt, aber haben super Chancen auf dem Arbeitsmarkt: Erzieher werden zurzeit sehr gesucht! Außerdem gibt es viel zu wenige Männer in diesem Beruf. Findest du nicht?
▶ Stimmt eigentlich. Also, ich glaube, mir würde der Job Spaß machen.

Lektion 4

Aufgabe 1a und b (Track 24)

Mein Name ist Miriam Schüller. Ich bin Studentin und habe erst letzte Woche meinen Mietvertrag unterschrieben. Ab Oktober werde ich zusammen mit zwei anderen Studentinnen in einer Dreier-WG wohnen. Unsere Wohnung ist in einem großen Wohnblock in der Nähe der Uni – nicht super modern, aber die Miete ist ziemlich günstig, und das war mir wichtig. Schön ist auch, dass die Wohnung einen großen Balkon hat. Außerdem gibt es hinter dem Haus eine Wiese. Hier kann man im Sommer lesen oder einfach gemütlich in der Sonne sitzen.

Ich heiße Rohan und wohne in einer 74 Quadratmeter großen Wohnung im Dachgeschoss. Die Wohnung wurde letztes Jahr frisch renoviert und gefällt mir richtig gut. Ich habe ein Wohn- und ein Schlafzimmer mit Holzfußböden, eine kleine Küche und ein recht großes Bad mit Badewanne. Die Wohnung ist in einem schönen Altbau in der Innenstadt. Einziger Nachteil: Es gibt keinen Aufzug im Haus.

Ich bin Bianca und wohne mit meinem Mann und meinem elfjährigen Sohn in einem Haus am Stadtrand. Wir haben das Haus vor acht Jahren gekauft und fühlen uns immer noch sehr wohl hier. Es ist schön ruhig und es gibt keine Parkplatzprobleme. Besonders gut gefällt mir auch unser Garten. Wir haben viele Blumen, und ich pflanze jedes Jahr auch etwas Gemüse. Ach ja, und Erdbeeren; die haben wir natürlich auch. Daraus machen wir dann Erdbeermarmelade.

Aufgabe 2b und c (Track 25)

▶ Sonja Ferber.
▷ Musa Ademola, guten Tag. Ich rufe wegen Ihrer Wohnungsanzeige an. Ist die Wohnung noch frei?
▶ Ja, sie ist noch frei.
▷ Super. Ich hätte da noch ein paar Fragen.
▶ Gerne. Was möchten Sie denn wissen?
▷ Die Wohnung ist nicht möbliert, oder?
▶ Richtig, die Wohnung ist komplett leer. Sie müssten alle Möbel mitbringen. Aber sonst ist nicht viel zu tun. Die Wohnung ist frisch renoviert, die Räume sind weiß gestrichen. Der neue Mieter muss nur noch alles einrichten.
▷ Das sollte kein Problem sein. Können Sie mir noch sagen, in welchem Stock die Wohnung ist?
▶ Ja, sie ist im Erdgeschoss. Es gibt auch eine kleine Terrasse, die zur Wohnung gehört. Da kann man bei schönem Wetter wunderbar sitzen und die Abendsonne genießen.
▷ Das klingt gut. In der Anzeige steht noch, dass die Kaltmiete 630 Euro ist. Wie hoch sind denn die Nebenkosten?
▶ Etwa 90 Euro.
▷ Okay, das ist noch in meinem Budget. Kann ich die Wohnung besichtigen?
▶ Natürlich. Wie wäre es gleich morgen Vormittag? Würde Ihnen halb elf passen?
▷ Ja, das passt sehr gut. Sagen Sie mir noch die Adresse?
▶ Merkurstraße 89. Wissen Sie, wo das ist?
▷ Ja, die Merkurstraße kenne ich. Mein Büro ist ganz in der Nähe.
▶ Perfekt. Dann sehen wir uns morgen.
▷ Ja, bis morgen. Vielen Dank und auf Wiederhören.

Aufgabe 4b und c (Track 26)

● Huch, Frau Michels! Wo wollen Sie denn so schnell hin?
○ Rauf zu Herrn Heimer. Der spielt schon wieder Klavier!
● Aber das darf er doch. Die Mittagsruhe ist längst vorbei.
○ Ich werde mich trotzdem beschweren.
● Ach, Frau Michels, seinen Sie doch nicht so streng. Herr Heimer ist Berufsmusiker – er spielt doch wunderschön.
○ Das ist mir egal. In der Hausordnung steht, dass er nur zwei Stunden am Tag Musik machen darf, und er spielt jetzt schon seit zwei Stunden und zehn Minuten.
● Jetzt warten Sie doch erst einmal ab. Bestimmt hört er gleich auf.
○ In der Hausordnung steht zwei Stunden. Und man muss sich nun mal an die Regeln halten. Das gilt auch für Herrn Heimer.
● Ich finde es ja auch wichtig, dass es Regeln gibt. Aber Herr Heimer ist so ein netter Nachbar. Man muss sich doch nicht immer gleich beschweren.
○ Tut mir leid, Frau Seifert, aber ich sehe das anders. Wenn jeder so denken würde wie Sie, hätten wir ja überhaupt keine Ordnung im Haus.

Aufgabe 5a und b (Track 27)

■ Und du willst wirklich mit deiner Familie aus dem Stadtzentrum wegziehen?
□ Ja, wenn im August das zweite Kind kommt, brauchen wir mehr Platz. Und eine größere Wohnung im Zentrum ist einfach zu teuer.
■ Aber ... ist eure Wohnung denn nicht groß genug für vier Personen? Die Kinder könnten sich doch das Kinderzimmer teilen ...
□ Also, ich finde, jedes Kind sollte ein eigenes Zimmer haben.
■ Auch wenn die Kinder noch so klein sind? Dein Sohn ist doch erst drei ...
□ Ja, trotzdem. Meiner Meinung nach ist ein eigenes Zimmer wichtig, egal wie alt die Kinder sind. Findest du nicht?
■ Hm, nein, da bin ich anderer Meinung. Ich würde sagen, dass ein gemeinsames Zimmer für kleine Kinder sogar besser ist. Wenn sie sich ein Zimmer teilen, lernen sie doch viel mehr, zum Beispiel Rücksicht zu nehmen oder Konflikte zu lösen. Das sind Fähigkeiten, die sie im Leben gut gebrauchen können.

Aufgabe 6a (Track 28)

1 Ich finde, Kinder brauchen erst mit zwölf oder dreizehn Jahren ein eigenes Zimmer. Kleinere Kinder sind nicht gern allein. Wenn sie sich ein Zimmer mit einem Geschwisterkind teilen, ist immer jemand da. Die Kinder können zusammen spielen, gemeinsam die Hausaufgaben machen und sich abends Gutenachtgeschichten erzählen.

2 Ein gemeinsames Kinderzimmer funktioniert meist sehr gut, wenn die Kinder ungefähr im gleichen Alter sind. Problematisch ist es meiner Meinung nach, wenn vier Jahre oder mehr zwischen den Kindern liegen. Ein achtjähriges Kind hat nun mal nicht die gleichen Interessen wie ein drei- oder vierjähriges, und das kann dann schnell Streit geben.

3 Ich würde sagen, dass ein Kind ein eigenes Zimmer braucht, wenn es in die Schule kommt. Es ist wichtig, einen ruhigen Ort zu haben, an dem man die Hausaufgaben machen kann oder sich nach einem anstrengenden Schultag erholen kann.

Aufgabe 6c und d (Track 29)

Dorf- oder Kleinstadtleben ist so gar nicht mein Ding. Ich liebe es, in einer Metropole zu wohnen. Da ist immer was los: Kino, Theater, Kneipen – hier gibt's wirklich alles. Freitags und samstags ziehe ich mit meinen Freunden immer durchs Kneipenviertel. Und dann ist Party angesagt! In den Straßen rund um den Hauptbahnhof geht am Wochenende richtig die Post ab: Es ist laut, die Kneipen sind voll, die Leute feiern und sind einfach gut drauf. Ich kann mir wirklich nicht vorstellen in so einem langweiligen Dorf zu wohnen, wo nichts los ist. Furchtbar! Außerdem habe ich kein Auto und das brauche ich hier zum Glück auch nicht. Die nächste U-Bahn- oder S-Bahn-Haltestelle ist nie weit weg, die Bahnen fahren alle paar Minuten und man ist ruck, zuck in der Innenstadt.

Aufgabe 6g (Track 30)

1 Meine beiden Töchter fahren jeden Tag mit dem Fahrrad zur Schule. In unserer kleinen Stadt gibt es gute Fahrradwege und wenig Autoverkehr. In einer großen Stadt würde ich die Kinder niemals mit dem Rad zur Schule schicken. Das wäre viel zu gefährlich. Aber auch sonst hat die Kleinstadt viele Vorteile gegenüber der Großstadt. Die Kinder sind näher an der Natur und können bei schönem Wetter draußen spielen. Das finde ich sehr wichtig. Meiner Meinung nach verbringen Großstadtkinder viel zu wenig Zeit in der Natur.

2 Ich bin in einer Kleinstadt aufgewachsen und habe auch meine Ausbildung zum Tischler dort gemacht. Nachdem mein Chef die Tischlerei zugemacht hat, hatte ich plötzlich keinen Job mehr. Ich bin dann in eine größere Stadt gezogen, weil ich dort eine Stelle in einer Möbelfabrik bekommen haben. Viele meiner Freunde sind ja aus ähnlichen Gründen aus der Kleinstadt weggezogen. Es gibt hier einfach nicht genügend Jobs – oder nicht die richtigen.

3 Ich wohne mit meiner Frau und den Kindern in einer Großstadt, und das Leben hier gefällt uns sehr gut. Ich habe einen interessanten Job, man kann in der Freizeit viel unternehmen, und die Kinder haben einen großen Freundeskreis. Das einzige Problem sind die Mietpreise. Nachdem unser Vermieter schon wieder die Miete erhöht hat, haben wir uns nach einer anderen Wohnung umgesehen, aber alle sind extrem teuer. In kleinen Städten kann man sich Wohnungen wenigstens noch leisten, deshalb überlegen wir jetzt umzuziehen.

Aufgabe 7 (Track 31)

Kochen, spülen, putzen, aufräumen, Wäsche waschen – bei uns geht es heute um ein Thema, das alle kennen: Hausarbeit in der Familie. Es gibt unterschiedliche Meinungen dazu, ob und wie Kinder im Haushalt helfen sollen.

Beispiel
Meine Töchter sind vier und sechs Jahre alt. Sie wollen immer genau das machen, was Mama und Papa auch machen. Egal ob kochen, Blumen gießen oder Rasen mähen – die Kinder möchten dabei sein und mithelfen. Was für ältere Kinder und Jugendliche oft eine unangenehme Pflicht ist, macht kleinen Kindern noch viel Freude. Sie fühlen sich schon ganz groß, wenn sie mitmachen dürfen. Für Eltern ist es natürlich keine wirkliche Hilfe, wenn die Kinder „mitarbeiten". Alles dauert länger und manchmal geht auch etwas kaputt. Trotzdem finde ich solche gemeinsamen Aktivitäten sehr wichtig.

1 Ich bin der Meinung, dass Kinder und Jugendliche neben der Schule nicht auch noch im Haushalt helfen sollten. Wenn sie nach einem anstrengenden Schultag nach Hause kommen, müssen sie oft noch Hausaufgaben machen und für Klassenarbeiten lernen. Das reicht dann aber auch. Danach sollte Zeit für Spiel, Spaß und Entspannung sein. Ein Schultag ist für Kinder genauso anstrengend wie ein Arbeitstag für Erwachsene.

2 Ich denke, Kinder sollten spätestens ab dem Grundschulalter im Haushalt helfen. Damit es nicht ständig Stress und lange Diskussionen gibt, sollten Eltern darauf Rücksicht nehmen, was ihre Kinder gerne tun. Mithelfen darf ja auch Spaß machen! Die Tochter möchte vielleicht die Haustiere versorgen, während der Sohn lieber beim Kochen hilft. Am besten schreibt man eine Liste mit allen Aufgaben, die erledigt werden müssen, und lässt die Kinder dann entscheiden, welche Aufgaben sie übernehmen möchten.

3 Die Wäsche wird nun einmal nicht von alleine sauber und das Essen kocht sich auch nicht von selbst: Spätestens, wenn junge Menschen in ihre erste eigene Wohnung ziehen, müssen sie sich auch um den Haushalt kümmern. Deshalb finde ich es wichtig, dass Kinder schon früh anfangen, bei der Hausarbeit zu helfen. So lernen sie von Anfang an, welche Aufgaben zum täglichen Leben dazugeHören und sind dann selbstständiger.

Lektion 6

Aufgabe 2c (Track 33)

- ☐ Getränkemarkt Pars. Kiani, schönen guten Morgen. Was kann ich für Sie tun?
- ■ Guten Morgen. Mein Name ist Gattinger. Ich möchte Getränke bestellen.
- ☐ Sind Sie denn schon Kundin bei uns?
- ■ Ja, meine Kundennummer ist 2793.
- ☐ Einen Augenblick, bitte. Ach ja, jetzt habe ich Sie im System gefunden. Was möchten Sie denn bestellen, Frau Gattinger?
- ■ Zwei Kisten Mineralwasser ohne Kohlensäure und zwei Kisten Mineralwasser mit Kohlensäure, bitte.
- ☐ Welche Marke?
- ■ Aquarina, so wie immer.
- ☐ Okay, das habe ich aufgenommen. Und wann sollen wir liefern?
- ■ Am liebsten morgen, denn wissen Sie, ich habe nur noch drei Flaschen zu Hause.
- ☐ Wir können garantiert morgen liefern. Das ist dann aber eine Expresslieferung, das kostet extra.
- ■ Wie viel wäre das denn?
- ☐ Pro Kiste wären das 2,50 € Gebühr.
- ■ Oh, das ist mir doch zu viel. Wann könnten Sie denn ohne Aufpreis liefern?
- ☐ Die Standardlieferung ist immer in drei Tagen da.
- ■ Gut, dann bekomme ich die vier Kisten in drei Tagen.
- ☐ Gerne. Wie möchten Sie bezahlen? Bar oder per Rechnung?
- ■ Per Rechnung, bitte.
- ☐ Dann bis Freitag! Wir liefern zwischen 9 und 11 Uhr.
- ■ Gut, danke, dann bis Freitag. Auf Wiederhören.
- ☐ Auf Wiederhören.

Lektion 8

Aufgabe 2a (Track 34)

▶ Hallo, Mohammad!
▷ Hallo, Nasrin.
▶ Oje, bist du krank?
▷ Ja, aber wie! Wenn du nur wüsstest, wie schlecht es mir geht.
▶ Oje, das hört sich aber gar nicht gut an. Was hast du denn genau?
▷ Ich habe 38,5 Grad Fieber. Außerdem habe ich Halsschmerzen, Schluckbeschwerden und vor allem Kopfschmerzen, die sind ganz besonders stark. Naja, und du hörst ja, wie ich klinge: Schnupfen habe ich natürlich auch. Nachts kann ich nicht gut schlafen, weil ich die ganze Zeit husten muss. Daher bin ich tagsüber total müde und kraftlos.
▶ Warst du denn beim Arzt?
▷ Ja, klar. Er hat mir jede Menge Medikamente verschrieben.
▶ Kann ich etwas für dich tun?
▷ Nein, danke. Da muss ich einfach durch. So eine Erkältung dauert ein paar Tage, und dann wird es hoffentlich bald besser ...
▶ Na dann – gute Besserung!

Lektion 12

Aufgabe 1e und f (Track 36)

● Grüß dich, Najib.
○ Hallo, Sascha.
● Na, was machst du gerade?
○ Ich mache Hausaufgaben ... Heute haben wir im Deutschkurs über das Ausbildungssystem in Deutschland gesprochen.
● Ach, wie interessant. Das ist ja bestimmt wichtig für dich. Du willst doch hier auch eine Ausbildung machen, oder?
○ Ja, klar möchte ich einen Beruf lernen. Aber wenn ich ehrlich bin, habe ich nicht so genau verstanden, wie das funktioniert.
● Wenn du Lust hast, erklär ich dir das mal kurz.
○ Ja, gerne.
● Also, wenn du zum Beispiel Bäcker werden willst, dann machst du zuerst eine Berufsausbildung zum Bäcker. Das heißt, du machst eine Lehre. Erst danach kannst du eine Stelle als Bäcker suchen.
○ Aha. Und wie lange dauert die Ausbildung?
● Die Ausbildung dauert normalerweise drei Jahre. Die Theorie lernst du in der Berufsschule und die Praxis in einem Betrieb oder einer Firma. Also, als Bäcker wäre das dann in einer Bäckerei.
○ Wie, ich gehe in die Schule und arbeite gleichzeitig?
● Genau. Du gehst ein- oder zweimal in der Woche in die Berufsschule und ansonsten arbeitest du. Dabei lernst du den Beruf in der Praxis kennen. Dein Ausbilder zeigt dir, wie man Brot und Brötchen backt. Der Ausbilder ist wie ein Lehrer. Und du bist dann der Lehrling. Man sagt auch „Azubi", das ist die Abkürzung von „Auszubildender". Im Prinzip bist du ein Schüler: Du lernst einen Beruf.
○ Ah, in meinem Land ist das ganz anders. Wenn dein Vater Bäcker ist, dann arbeitest du als sein Sohn bei ihm im Betrieb mit. Man lernt den Beruf von seinem Vater. Das war's. Irgendwie einfacher, oder?
● Das ist ja interessant. Dann muss man wahrscheinlich auch keine Prüfungen ablegen, oder?

Lektion 13

Aufgabe 1a, b und d (Track 37)

□ Okay. Wir wollen ja zusammen Fernandas Abschiedsparty planen ...
▷ Ja, genau. Wo soll die Party denn überhaupt stattfinden?
■ Ich finde, dass wir bei euch in der WG feiern sollten. Ihr habt das größte Wohnzimmer.
▷ Tja, ich weiß nicht ... Vielleicht wäre es besser, wenn wir die Party doch bei dir machen, Amelia. Unsere Nachbarn meckern immer, wenn wir mal etwas lauter sind.
■ Oh je, Ärger mit den Nachbarn wollen wir ganz bestimmt nicht. Dann feiern wir lieber bei mir. Aber ihr helft mir mit den Vorbereitungen, ja?
▷ Ja, klar.
□ Natürlich.
■ Gut. Habt ihr euch schon Gedanken über das Essen gemacht?
□ Wollen wir Paella machen? Das ist ein spanisches Gericht mit Reis, Meeresfrüchten und Fleisch.
▷ Das finde ich super! Klingt richtig lecker. Was sagst du, Amelia?
■ Hm ... Vielleicht sollten wir lieber etwas Vegetarisches machen? Einige Leute essen kein Fleisch.
□ Ach so, ja ... Was schlägst du vor?
■ Wir könnten doch verschiedene Salate machen.
▷ Das ist eine ganz gute Idee, aber nur Salate? Ich weiß nicht ...
□ Was haltet ihr davon, wenn wir beides machen: Paella und Salate?
▷ Also, ich finde den Vorschlag gut.
■ Ja, ich bin auch einverstanden.
□ Prima. Dann machen wir das so. Was müssen wir noch planen?
■ Also, da ist noch eine ganze Menge ...

Übungstest 1

Hören Teil 1 (Track 39)

Beispiel Guten Tag, Herr Jeschek, hier ist Christa Eichmann, die Vermieterin der 2-Zimmer-Wohnung in der Luisenstraße. Sie hatten mir ja eine E-Mail geschickt und gefragt, ob Sie die Wohnung heute Nachmittag besichtigen können. Das geht. Ich bin um 15 Uhr dort und warte vor dem Haus auf Sie. Ich habe allerdings nur eine halbe Stunde Zeit, weil ich danach noch zu einem anderen Termin muss.

1 Georg Mildner von „Fit&Aktiv". Guten Morgen, Frau Albrecht. Ich wollte Sie nur kurz daran erinnern, dass Ihr Gesundheitskurs am Donnerstag beginnt. Denken Sie bitte daran, am ersten Kurstag Ihre Versichertenkarte mitzubringen. Sie hatten ja im Anmeldeformular angekreuzt, dass Ihre Krankenkasse die Kursgebühr bezahlt. Außerdem sollten Sie bequeme Kleidung dabeihaben und – ganz wichtig – ausreichend Wasser. Jetzt im Sommer ist es im Kursraum manchmal sehr warm.

2 Hallo Estefania, hier ist Nina aus dem dritten Stock. Du, ich wollte gerade den Zitronenkuchen für unser Nachbarschaftsfest machen und sehe, dass ich gar keine Zitronen mehr habe. Könntest du mir welche mitbringen, wenn du nachher zum Supermarkt fährst? Gib mir doch bitte kurz Bescheid, ja? Der Schokoladenkuchen ist übrigens schon fertig. Ich hab ihn heute Morgen als Erstes gemacht. Du kannst ihn nachher probieren.

3 Christian Sigl, Hausverwaltung. Hallo, Herr Riviera. Ich bin am Donnerstag mit den Handwerkern im Haus, und bei der Gelegenheit würden wir auch gerne das Waschbecken in Ihrem Bad neu machen. Darüber hatten wir ja schon gesprochen. Sie müssten am Donnerstag nur zwischen 14 und 16 Uhr da sein, um uns in die Wohnung zu lassen. Geht das? Geben Sie mir bitte bis Mittwochmittag Bescheid. Danke!

4 Hallo Frau Hassani, hier ist Torsten Stemmer, Ahmeds Klassenlehrer. Ich rufe an wegen des Ausflugs übermorgen. Der Bus sollte die Kinder ja direkt vor dem Eingang der Schule abholen. Da auf der Straße jetzt eine Baustelle ist, kann er dort nicht halten und vor der Sporthalle leider auch nicht. Bringen Sie Ihren Sohn deshalb bitte zum Lehrerparkplatz in der Römerstraße. Dort wartet der Bus.

Hören Teil 2 (Track 40)

5 Kinofans, aufgepasst! Die Komödie „Lebenslänglich" läuft jetzt auch in deutschen Kinos. Der Film fängt damit an, dass Polizeikommissar Francesco mit dem Zug von Mailand nach Neapel fährt, weil er dort einen neuen Job hat. Unterwegs trifft er die hübsche Giovanna. Was Francesco nicht weiß: Giovanna ist seine zukünftige Kollegin. In diesem Film gibt es viel zu lachen, einen großen Streit – und zum Schluss natürlich eine Hochzeit.

6 In der Stadtbibliothek hat am Freitag eine Fotoausstellung zum Thema „Migration und Zuwanderung" eröffnet. Der Fotograf Adrián Tavares zeigt faszinierende Bilder von Menschen unterschiedlicher Herkunft und porträtiert ihren Alltag in Deutschland. Die Ausstellung ist noch bis 10. November im Untergeschoss der Bibliothek zu sehen. Der Eintritt ist für Kinder und Jugendliche unter 16 Jahren frei, Erwachsene zahlen zwei Euro.

7 Am kommenden Samstag ab 14 Uhr lädt die Städtische Musikschule zu ihrem Frühlingsfest ein. Dabei haben Besucher die Gelegenheit, das Angebot der Schule kennenzulernen und verschiedene Musikinstrumente auszuprobieren. Kinder können außerdem Karten für ein Kinderkonzert im Residenztheater gewinnen. Die Schülerinnen und Schüler der Musikschule bieten den Besuchern neben selbst gebackenem Kuchen auch Kaffee und Limonade an.

8 Nach der Fußballpause gestern und heute dürfen wir uns nun endlich am Wochenende auf die nächsten Spiele freuen. Am Samstagabend wird ab 19 Uhr das Spiel „Frankreich gegen Portugal" live im Fernsehen gezeigt. Am Sonntag heißt es dann „Deutschland gegen Argentinien". Dieses Spiel beginnt um 17.30 Uhr und wird selbstverständlich ebenfalls live im Fernsehen übertragen.

9 Große Freude im Zoo: Das Elefantenbaby ist da! Gestern Nacht brachte Elefantendame Matilda ein gesundes Mädchen zur Welt. Es ist etwa einen Meter groß und wiegt schon so viel wie eine Waschmaschine. Auf der Webseite des Zoos kann man sich die ersten Fotos anschauen. Wie der kleine Elefant heißen wird, ist aber noch unklar. Der Zoo bittet bis zum 10. Oktober um Vorschläge per E-Mail.

Hören Teil 3 (Track 41)

Beispiel

▶ Guten Tag, Herr Becker. Ich bin Melanie Erdmann, die Personalmanagerin von MeisterTec.

▷ Guten Tag, Frau Erdmann.

▶ Erzählen Sie mir doch mal, was Sie über unseren Betrieb so wissen.

▷ Sie sind der größte Elektronikhändler in Süddeutschland und haben über 5000 Mitarbeiter. In den nächsten Jahren wollen Sie vier weitere Elektrogeschäfte eröffnen. Als Elektrikermeister würde ich sicher gut in Ihr Team passen.

▶ Sie haben sich ja gut über unsere Firma informiert. Wann haben Sie denn Ihre Meisterprüfung gemacht?

▷ Vor drei Jahren. Danach habe ich bei Elektro-Busch gearbeitet, aber leider wird die Firma im Sommer schließen.

▶ Sie könnten also im August schon bei uns schon anfangen.

▷ Ja, das geht. Meine Firma schließt am 30. Juni.

▶ Sie wissen, dass wir ein neues Geschäft in Stuttgart eröffnen. Können Sie sich denn vorstellen umzuziehen?

▷ Natürlich. Im Juli könnte ich mir dann eine Wohnung in Stuttgart suchen.

10 und 11

□ Hallo Niko.

■ Hallo Mary. Was machst du denn hier bei uns in der Küche? Ich dachte, du hilfst ab heute an der Hotelbar aus.

□ Nein, erst ab morgen. Heute arbeite ich noch hier. Sag mal, wo sind denn die Tomaten? Hast du die schon geschnitten?

■ Ja, sie stehen im Kühlschrank. Die Gurken sind auch schon fertig.

□ Wow, du bist wirklich fleißig. Übrigens, du hast auch am Dienstag einen super Job gemacht. Dafür wollte ich mich noch bedanken.

■ Dienstag? Was war denn am Dienstag?

□ Na, du hast die Küche doch ganz allein aufgeräumt, weil ich früher gehen musste. Und das hast du richtig gut gemacht. Alles war an seinem Platz.

■ Danke. Freut mich, dass du das sagst. Ich gebe mir auch wirklich Mühe. Ich habe diesen Job ja noch nicht so lange und möchte ihn gerne behalten.

□ Das klappt schon. Die Chefin ist jedenfalls sehr zufrieden mit dir.

12 und 13

★ Schau mal, Michelle. Die Einladungskarten für Klaras Hochzeit sind fertig. Wie findest du sie?

☆ Zeig mal. Schönes Papier, tolle Farben ... Super, genauso habe ich mir das vorgestellt!

★ Soll ich sie denn auch schon verschicken?

☆ Nein, das macht Klaras Mutter. Aber erst Ende des Monats.

★ Okay. Übrigens, ich habe auch schon mit den Fotografen gesprochen, die du vorgeschlagen hattest. Die waren aber beide viel zu teuer.

☆ Schade. Naja, dann müssen wir halt weitersuchen.

★ Ja, ich schaue mal im Internet nach. Wir haben ja noch Zeit. Bis zur Hochzeit finde ich schon noch jemanden, der die Fotos macht.

☆ Na klar. Und weißt du, was wir auch noch erledigen müssen? Beim Konditor die Hochzeitstorte bestellen. Das dürfen wir auf gar keinen Fall vergessen.

★ Das habe ich doch letzten Freitag schon gemacht.

☆ Letzten Freitag?! Ach ja, richtig. Im Moment ist so viel zu tun, da bin ich schon ganz durcheinander ...

14 und 15

□ Luise! Lange nichts von dir gehört. Wie geht's denn?

■ Ganz gut, danke. Tut mir leid, dass ich mich so lange nicht gemeldet habe.

□ Nicht schlimm, ich weiß ja, wie das ist. Was gibt's Neues?

■ Ich bin nächste Woche Mittwoch und Donnerstag in Nürnberg: Wenn du Lust hast, können wir zusammen essen gehen. Dann erzähle ich dir alles in Ruhe.

□ Klingt gut. Wie wär's denn gleich Mittwochmittag?

■ Hm. Ich hab bis halb zwei einen Termin, aber danach hätte ich Zeit. Sagen wir, 14 Uhr?

□ Hm, das ist ziemlich spät ... Wie sieht's denn Donnerstag aus? Vielleicht um 12.30 Uhr?

■ Ja, das passt.

□ Perfekt. In der Zeppelinstraße gibt es ein neues chinesisches Restaurant. Da könnten wir mal hingehen. Oder wir gehen zum Italiener am Bahnhof.

■ Also, ich bin für das italienische Lokal. Ich liebe Pasta!

□ Gut, dann machen wir das. Also, bis Donnerstag?

■ Ja, bis Donnerstag. Ich freue mich.
□ Ich auch. Tschüss.
■ Tschüss.

16 und 17

▷ Ach, hallo Frau Schubert.
▶ Morgen, Herr Richter. Ich wollte Ihnen nur sagen, dass es am Samstag etwas lauter werden kann. Wir bekommen neue Küchenmöbel.
▷ Kein Problem, ich bin am Samstag sowieso den ganzen Tag nicht da. Aber trotzdem danke fürs Bescheidsagen.
▶ Das ist doch selbstverständlich. Ach ja, ich hätte noch eine kleine Bitte: Ihr Fahrrad steht ja meistens im Hausflur. Könnten Sie das am Samstag vielleicht in den Keller bringen? Dann ist es nicht im Weg, wenn die Möbel gebracht werden, und es kann auch nicht beschädigt werden.
▷ Klar, mache ich. Es soll ja eigentlich sowieso in den Keller, aber ich bin meist zu faul ...
▶ Das kenne ich. Wir lassen auch gern den Kinderwagen im Hausflur stehen.
▷ Da stört er auch überhaupt nicht.
▶ Gut, dass so nette Leute hier im Haus wohnen. Andere hätten sich schon beschwert.

Hören Teil 4 (Track 42)

Hund, Katze oder Kaninchen: Ein Haustier kann viel Spaß und Freude ins Familienleben bringen. Aber eines ist klar: Ein Tier ist kein Spielzeug. Wer sich ein Haustier anschafft, muss sich auch darum kümmern. Deshalb unsere Frage heute: Haustier – ja oder nein?

Beispiel Ist es sinnvoll, ein Tier zu halten? Ja, auf jeden Fall. Besonders Leute, die keine Familie oder Freunde haben, sollten sich ein Haustier anschaffen. So ist immer jemand da, der sich freut, wenn man nach Hause kommt und zuhört, wenn es einem mal nicht so gut geht. Für Kinder ist es auch sehr schön, immer jemanden zum Spielen und zum Kuscheln zu haben. Wenn keine Geschwister da sind oder die Eltern wenig Zeit haben, wird ein Haustier schnell zum besten Freund.

18 Früher, als meine Kinder noch klein waren, hatten wir einen Hund. Den haben wir alle sehr geliebt, aber jetzt würde ich keine Haustiere mehr halten. Meine Kinder sind inzwischen erwachsen, und ich bin mit meiner Frau in eine 2-Zimmer-Wohnung gezogen. Das ist für einen Hund oder eine Katze viel zu klein. Ich hätte Angst, dass das Tier sich dort langweilt oder sich eingesperrt fühlt, und das wäre nicht schön. Wenn man ein Haustier hat, sollte man auch dafür sorgen, dass es ein glückliches Leben führt – ein großer Garten ist absolut notwendig.

19 Ich weiß ehrlich gesagt nicht, warum Haustiere für viele Menschen so wichtig sind. Sogar Leute, die nicht viel verdienen, haben oft einen Hund oder eine Katze. Das verstehe ich überhaupt nicht, denn so ein Tier ist ja ganz schön teuer. Man muss Futter kaufen, Spielzeug und alles andere, was Tiere so brauchen. Und besonders teuer wird es, wenn das Tier krank ist. Bei einem Tierarztbesuch bezahlt man schnell mal 80, 90 oder auch 100 Euro. Mir wäre das zu viel.

20 Da ich ein großes Haus mit Garten habe, denke ich manchmal daran, mir ein Haustier anzuschaffen. Aber wenn man ein Tier hat, muss man auch Zeit dafür haben, und ich reise nun mal sehr gerne. Bei kürzeren Reisen mit der Bahn oder mit dem Auto könnte man einen Hund oder eine Katze ja noch mitnehmen, aber bei Flugreisen ist das schon schwieriger. Ich habe hier in der Nähe auch keine Freunde oder Verwandten, die das Tier zeitweise nehmen könnten ... Nein, für mich wäre ein Haustier keine gute Idee.

Übungstest 2 (Track 43)

Hören Teil 1

Beispiel Guten Tag, Frau Petersen. Hier ist Frank Heine von der Firma Sinus. Sie haben sich bei uns als Mitarbeiterin in unserem Call-Center beworben. Wir haben Ihre Bewerbungsunterlagen durchgesehen und möchten Sie zu einem Kennenlerntag am Mittwoch, den 8. März einladen. Das heißt, Sie kommen einfach vorbei und schauen sich an, wie wir hier arbeiten. Falls Sie Fragen haben, rufen Sie bitte Frau Peck unter der Nummer 47 48 19 an. Auf Wiederhören.

1 Hallo Emilia, hier ist Lisa. Du, ich habe eine kleine Bitte. Leider muss ich heute länger arbeiten. Aber ich wollte noch das Geschenk für Joachim zur Post bringen, das muss heute noch weg. Kannst du das für mich erledigen, wenn du später in die Stadt fährst? Das Paket steht im Flur. Vielen Dank!

2 Guten Tag, Herr Höger, Zahnarztpraxis Dr. Thielmann hier. Sie haben ja am Donnerstag um 11 Uhr einen Termin. Leider müssen wir den Termin auf nächste Woche verschieben, weil Dr. Thielmann krank ist. Geht es bei Ihnen am Montag, den 5.9., um 10.30 Uhr? Bitte rufen Sie doch heute Nachmittag kurz zurück. Vielen Dank!

3 Guten Tag, Frau Fink! Hier ist Irina Meyer vom Fundbüro der Stadt Bonn. Ich rufe wegen der Handtasche an, die Sie verloren haben. Sie wurde bei uns abgegeben und kann jetzt abgeholt werden. Wir haben heute und morgen von 8 bis 12 Uhr geöffnet. Ab nächster Woche haben wir wegen Umbaus geschlossen. Denken Sie daran: Sie müssen eine Verwaltungsgebühr von 8 € in bar zahlen. Auf Wiederhören!

4 Hallo, Jelena, Sofia hier, wie geht's dir? Wir haben uns ja wirklich lange nicht mehr gesehen ... Aber morgen habe ich am Vormittag einen Termin in Frankfurt und wir könnten uns danach treffen. Was meinst du? Hast du Zeit für einen Kaffee? Um 15 Uhr wäre gut. Sag mir doch nachher noch kurz Bescheid, ob es klappt. Bis dann!

Hören Teil 2

5 Wiedereröffnung der Therme Alibaba! Das Thermalschwimmbad in Gersheim kann ab 1. Juli wieder besucht werden. Nach dreimonatiger Umbauzeit freut man sich dort auf viele Badegäste. Ein komplett neues Becken mit Wassermassage steht nun allen zur Verfügung. Und als Extra-Angebot erhalten Senioren über 65 Jahre im ganzen Juli kostenfreien Eintritt. Also herzlich willkommen!

6 Freuen Sie sich schon auf das Wochenende? Sonnenschein und sommerliche Temperaturen erwarten uns – das ideale Wetter für Live-Musik unter freiem Himmel. Unser Vorschlag für Sie: Das zehnte Musikfestival am Westhafen, das am Freitagabend beginnt. Auf den Konzertbühnen gibt es bis Sonntag ein vielseitiges Programm mit Bands und Musikern aus aller Welt. Tickets gibt's online oder an der Abendkasse.

7 Guten Abend, liebe Hörerinnen und Hörer. Es ist jetzt 19 Uhr und es geht weiter mit dem „Buchreport". Lea Eisenhauer ist bei uns zu Gast und stellt ihr neues Buch vor. Um 19.30 Uhr folgt unser Wunschkonzert mit Ihren Lieblingsliedern. Schreiben Sie uns, wenn auch Sie einen Musikwunsch haben. Um 20 Uhr dann wie immer die Nachrichten.

8 Sommerzeit, Reisezeit. In einer Woche beginnen endlich die Sommerferien. Sind Ihre Koffer schon gepackt? Freuen Sie sich auf sonnige Tage am Strand? Dann haben wir das Richtige für Sie: Die ersten fünf Anrufer gewinnen heute bei uns eine Strandtasche der Marke Sunny. Also rufen Sie uns jetzt an und machen Sie mit bei unserem Gewinnspiel.

9 Das Möbelhaus Nagel ist nun endlich auch in Koblenz! Drei Tage lang feiern wir mit Ihnen die Neueröffnung, und zwar mit ganz besonderen Angeboten: Am Donnerstag gibt es in unserem Café alle Getränke für 1 €. Am Freitag bekommt jeder Kunde, der für mindestens 50 € einkauft, eine Überraschung. Und am Samstag erhalten Sie auf alle Betten 20 % Rabatt.

Hören Teil 3

Beispiel

▶ Guten Morgen allerseits. Wir haben heute einen anstrengenden Tag vor uns, deshalb wollen wir die Besprechung so kurz wie möglich halten. Ich hätte folgende Punkte:
– Neue Mitarbeiter und Mitarbeiterinnen
– Neuaufnahmen
– Schichtplanung
Hat jemand noch ein Thema?

▷ Ja, ... ich.

▶ Ja, Herr Rotgerber?

▷ Da ich mit meinen Kindern die Ferien planen muss, würde ich gerne meinen Urlaubsantrag bald abgeben.

10 und 11

○ Guten Morgen, Lisa. Geht es dir nicht gut? Du siehst müde aus.

● Hallo, Jörg. Ja, ich bin auch müde. Ich habe ganz schlecht geschlafen. Herr Schneider hat wieder mitten in der Nacht laut Musik gehört. Dann konnte ich nicht mehr einschlafen. Hast du das nicht gehört?

○ Nein, bei mir oben im fünften Stock hört man das nicht. Aber du hast doch schon öfter gesagt, dass Herr Schneider so viel Lärm macht ... Vielleicht solltest du dich mal bei ihm beschweren.

● Ich werde heute Abend mal bei ihm klingeln und ihn bitten, etwas leiser zu sein.

○ Außerdem könntest du ja unseren Vermieter anrufen, oder noch besser: ihm schreiben.

● Ich hoffe, dass das nicht nötig ist. Wahrscheinlich weiß Herr Schneider gar nicht, dass er andere Mieter mit seiner Musik so sehr stört.

12 und 13

▷ Hallo, Felix! Wir haben uns ja lange nicht mehr gesehen. Wie geht es dir? Du wolltest dir doch einen neuen Job suchen, oder?

▶ Stimmt, aber meine Pläne haben sich geändert. Eine Zeitlang war ich ja ziemlich unzufrieden. Aber jetzt läuft es bei mir in der Firma wieder richtig gut.

▷ Das klingt super, das freut mich.

▶ Das Beste ist, dass ich nun eine Weiterbildung mache.

▷ Ach ... am Wochenende, oder wann?

▶ Nein, nein, dreimal in der Woche abends, ich gehe direkt vom Büro dorthin. Wir bekommen eine neue Software für die Buchhaltung. Dafür brauche ich den Kurs.

▷ Na, für mich wären solche Computerthemen ja nichts ...

▶ Ja, ich weiß. Aber mir macht das richtig Spaß. Und wie geht es dir?

▷ Sehr gut. Ich hatte dir doch erzählt, dass ich seit Juli eine neue Stelle habe ...

14 und 15

■ Guten Tag. Was kann ich für Sie tun?

□ Guten Tag. Ich habe seit gestern Halsschmerzen ...

■ Hm. Waren Sie denn schon beim Arzt?

□ Nein, so schlimm ist es nicht. Aber beim Sprechen tut es weh.

■ Ja, wenn möglich, sollten Sie in den nächsten Tagen wenig sprechen.

□ Das wird wohl schwierig. Ich bin Lehrer und muss im Unterricht natürlich viel reden ...

■ Also, dann empfehle ich Ihnen, doch mal zu Ihrem Hausarzt zu gehen. Er kann Sie vielleicht krankschreiben.

□ Hm, das möchte ich eigentlich nicht ...

■ Dann gebe ich Ihnen diese Tabletten hier mit. Sie können alle drei Stunden eine nehmen, aber höchstens sechs am Tag. Sie sollten sie aber nicht länger als drei Tage nehmen. Und achten Sie darauf, genug zu trinken.

□ Vielen Dank, dann versuche ich es damit.

16 und 17

★ Hallo, Julius. Gut, dass ich dich sehe ...

☆ Hallo, Pia. Was gibt's denn?

★ Dein Leon kommt doch auch dieses Jahr in die Schule, genau wie Lina ...

☆ Ja, die schöne Zeit im Kindergarten ist leider bald vorbei ...

★ Ich würde gerne den Mitarbeitern im Kindergarten etwas zum Abschied schenken.

☆ Das ist eine gute Idee. Darüber habe ich auch schon nachgedacht.

★ Aber ich weiß nicht, was ... Ein Gutschein ist vielleicht ein bisschen langweilig. Genauso wie Pralinen oder Schokolade ...

☆ Hm. Wir könnten ja auch mal die anderen Eltern fragen. Einige würden sich sicher gerne an dem Geschenk beteiligen. Dann könnten wir gemeinsam etwas besorgen.

★ Ja, das können wir so machen. Ich werde nachher mal mit einigen Eltern Sprechen wenn ich Lina vom Kindergarten abhole.

☆ Super, und ich kann heute Abend ein paar Leute anrufen.

Hören Teil 4

Hallo, hier ist Radio Galaxis! Endlich ist Wochenende! Wir haben unsere Hörerinnen und Hörer gefragt: Was macht ihr am Wochenende am liebsten? Geht ihr abends aus oder bleibt ihr zu Hause? Hier sind einige Meinungen.

Beispiel Was ich am Wochenende am liebsten mache? Naja, ich lebe in Köln, und wenn man da ausgehen will, hat man sehr viele Möglichkeiten. Früher war ich abends oft unterwegs. Heute habe ich darauf aber überhaupt keine Lust mehr. Ich lade lieber Freunde zu mir nach Hause ein und wir kochen zusammen. Ein gemütliches Abendessen und eine Unterhaltung mit Freunden – so stelle ich mir einen gelungenen Samstagabend vor. In den Clubs oder auf Partys ist die Musik oft so laut, dass man kaum ein Wort versteht. Da kann man ja gar nicht in Ruhe reden.

18 Ob ich am Wochenende ausgehe? Aber natürlich! Ich bin die ganze Woche im Büro, da will ich nicht auch noch in meiner Freizeit zu Hause sitzen. Das wäre doch völlig uninteressant! Nein, ich will lieber was erleben. Am liebsten gehe ich mit meinen Freunden aus. Meistens gehen wir am Samstagabend zusammen essen und danach in eine Bar oder ins Kino. In der Woche können wir nach der Arbeit nicht viel unternehmen, weil wir alle anstrengende Jobs haben und dann müde sind. Wenn ich dann am Wochenende weggehe und unter Leuten bin, kann ich endlich abschalten und mich von der Arbeit erholen.

19 Also, ich bin am Wochenende meistens zu Hause oder bei Freunden. Wir sitzen dann oft den ganzen Abend am Computer und schauen Filme. Aber besonders toll finde ich das nicht. Ich würde viel lieber weggehen und neue Leute kennenlernen. Es hat nämlich vor allem finanzielle Gründe, dass ich abends nur selten in der Stadt unterwegs bin. Ich studiere noch. Essen oder ins Kino gehen oder in einer Bar etwas trinken – das alles ist mir viel zu teuer. Wenn ich später, nach dem Studium, mehr Geld habe, werde ich auf alle Fälle öfter weggehen!

20 Naja, früher sind mein Mann und ich jedes Wochenende ausgegangen, auf Partys oder ins Kino oder zum Tanzen. Seit wir Kinder haben, hat sich das geändert. Wir sind froh, wenn wir uns am Wochenende ausruhen können. Zu Hause finde ich es am gemütlichsten, dort kann ich mich am besten von einer anstrengenden Woche erholen. Wir kochen gemeinsam, und manchmal kommen Freunde zu Besuch. Ich finde es auch schön, einfach nur gemeinsam mit der Familie einen Film anzuschauen. Die Zeiten, in denen wir am Wochenende bis in die Nacht unterwegs waren, sind jedenfalls vorbei.